갈루아가 들려주는
군 이야기

박현정 지음

NEW
수학자가 들려주는
수학 이야기
52

갈루아가 들려주는
군 이야기

㈜자음과모음

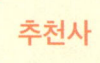

추천사

**수학자라는 거인의 어깨 위에서
보다 멀리, 보다 넓게 바라보는
수학의 세계!**

    수학 교과서는 대개 '결과'로서의 수학을 연역적으로 제시하는 경향이 강하기 때문에 학생들은 수학이 끊임없이 진화해 왔다고 생각하기 어렵습니다. 그렇지만 수학의 역사는 하나의 문제가 등장하고 그에 대해 많은 수학자가 고심하고 이를 해결하는 가운데 새로운 아이디어가 출현해 온 역동적인 과정입니다.

    〈NEW 수학자가 들려주는 수학 이야기〉는 수학 주제들의 발생 과정을 수학자들의 목소리를 통해 친근하게 이야기 형식으로 들려주기 때문에 학생들이 수학을 '과거 완료형'이 아닌 '현재 진행형'으로 인식하는 데 도움이 될 것입니다.

    학생들이 수학을 어려워하는 요인 중의 하나는 '추상성'이 강한 수학적 사고의 특성과 '구체성'을 선호하는 학생의 사고 사이에 존재하는 간극이며, 이런 간극을 줄이기 위해서 수학의 추상성을 희석시키고 수학 개념과 원리의 설명에 구체성을 부여하는 것이 필요합니다.

    〈NEW 수학자가 들려주는 수학 이야기〉는 수학 교과서의 내용을 생동감 있게 재구성함으로써 추상적인 수학을 구체성을 갖는 수학으로 변모시키고 있습니다. 또한 중간중간에 곁들여진 수학자들의 에피소드는 자칫 무료해지기 쉬운 수학 공부에 윤활유 역할을 해 줄 것입니다.

〈NEW 수학자가 들려주는 수학 이야기〉의 구성을 보면 우선 수학자의 업적을 개략적으로 소개하고, 6~9개의 강의를 통해 수학 내적 세계와 외적 세계, 교실 안과 밖을 넘나들며 수학 개념과 원리를 소개한 후 마지막으로 강의에서 다룬 내용을 정리합니다.

이런 책의 흐름을 따라 읽다 보면 각각의 도서가 다루고 있는 주제에 대한 전체적이고 통합적인 이해가 가능하도록 구성되어 있습니다. 〈NEW 수학자가 들려주는 수학 이야기〉는 학교 수학 교과 과정과 긴밀하게 맞물려 있으며, 전체 시리즈를 통해 학교 수학의 많은 내용들을 다룹니다. 따라서 〈NEW 수학자가 들려주는 수학 이야기〉를 학교 수학 공부와 병행하면서 읽는다면 교과서 내용의 소화 흡수를 도울 수 있는 효소 역할을 할 것입니다.

뉴턴이 'On the shoulders of giants'라는 표현을 썼던 것처럼, 수학자라는 거인의 어깨 위에서는 보다 멀리, 넓게 바라볼 수 있습니다. 학생들이 〈NEW 수학자가 들려주는 수학 이야기〉를 읽으면서 각 수학자의 어깨 위에서 보다 수월하게 수학의 세계를 내다보는 기회를 갖기를 바랍니다.

홍익대학교 수학교육과 교수 | 《수학 콘서트》 저자 박경미

> 책머리에

세상의 진리를 수학으로 꿰뚫어 보는 맛
그 맛을 경험시켜 주는 '군' 이야기

14세기에 데카르트René Descartes, 1596~1650는 모든 문제를 해결할 수 있는 보편적인 방법을 찾으려고 했습니다. 그가 찾은 방법은 어떤 문제든지 수학 문제로 환원하고, 대수 문제로 환원하여 하나의 방정식 풀이로 해결하려는 사고 패턴이었습니다. 여러분이 방정식을 세워 문제를 풀이하는 것은 바로 '데카르트의 사고 패턴'을 따르는 것이라고 볼 수 있습니다. 그렇다면 지금까지 여러분이 수학에서 행해 온 계산과 수학적 관계에도 어떤 일반적인 구조가 있는가에 대하여 질문해 볼 수 있을 것입니다. 이 책은 여러분이 지금까지 더하고 빼고 곱하는 등의 숫자나 문자의 계산이나 규칙에 데카르트식 사고 패턴과 같은 어떤 일반적인 구조가 존재한다면 그것은 무엇인가에 대하여 생각해 보는 계기를 마련해 줄 것입니다.

수학의 전체적인 구조를 파악한다는 것은 수학적 사실이 아니라, 그 안에 내재되어 있는 수학적 원리와 아이디어를 알게 된다는 것이고, 나아가 수학적으로 사물을 보는 안목과 사고방식, 탐구 방법을 가지게 됨을 의미합니다.

일반적인 숫자나 문자의 계산에 어떤 일반적인 규칙이나 구조가 존재하는 것일까요? 초등학생 때, 우리는 2와 3을 더하는 것이 3과 2를 더하는 것과 같다는 것을 배웁니다. 그리고 7이나 어떤 수라도 0과 더하면 그 답은 그대로 7이나 그 어떤 수가 나온다는 것도 배웁니다. 이러한 학습 내용에도 규칙이 있었던 것입니다. 그것은 교환법칙, 항등원과 관련되는 것이죠. 그리고 중학교 수학에서는 덧셈과 곱셈 연산에 있어서 항등원, 역원, 교환법칙, 결합법칙이 보다 구체적으로 제시되며 나아가 문자를 사용한 등식의 성질과 일차방정식의 풀이 등으로 그 구조를 찾을 수 있습니다. 그리고 고등학교 수학에서는 이항연산을 비롯한 여러 영역에서 군 개념을 포함하는 대수적 구조가 제시되고 있습니다. 대수적 구조에 대한 내용이 통합적으로 다뤄지지 않고 분리되어 다뤄지고 있다는 점에서 본 책의 가치를 언급할 수 있을 것입니다.

군론의 역사는 하루아침에 이뤄진 것이 아닙니다. 1000여 년 넘게 어떤 방정식의 해를 찾으려는 노력의 과정에서 탄생한 것입니다. 그 역사가 고대부터 시작하듯이 군론에 대한 학습도 사실은 초등 이전부터 시작되었을 것입니다. 이 책은 그 개념이 어떻게 학습되어 왔으며, 어떤 것인가를 알아보고자 하는 것입니다.

군이라는 것은 하나의 이항연산을 갖는 가장 일반적인 대수적 구조라고 할 수 있습니다. 이러한 간단한 대수적 구조인 군의 개념을 여러분이 학습해 온 수학적 개념이나 새로운 개념에서 통합적으로 학습해서 수학적 사고를 한층 더 발전시키고자 하는 것이 본 책의 목적입니다.

박현정

차례

추천사	4
책머리에	6
100% 활용하기	10
갈루아의 개념 체크	16

1교시
집합과 집합의 연산   25

2교시
실수 체계와 이항연산   51

3교시
대수적 구조   77

4교시
군   99

5교시
준동형사상과 동형사상   123

1 이 책은 달라요

《갈루아가 들려주는 군 이야기》는 학교 수학에서 다루는 군 개념과 관련된 내용을 통합적으로 접할 수 있다는 점에서 의미가 있습니다. 초등학생 때부터 자연수, 정수, 유리수 그리고 실수에 이르는 수 체계와 일반적인 연산 규칙이나 성질을 군이라는 대수적 구조 관점에서 통합적으로 만나게 됩니다. 군이라는 것은 하나의 이항연산을 갖는 가장 일반적인 대수적 구조라 할 수 있습니다. 어떻게 보면 어렵고 생소한 개념이지만 사실상 여러분이 초등학생 때부터 만나고 다뤄 본 개념이라는 것을 알 수 있을 것입니다.

이 책에서는 주로 대수적 영역에서 군 개념을 다루고 있기 때문에, '숫자나 수의 개념과 계산'에서 '문자의 개념과 계산'에 이르는 규칙이나 성질을 하나하나 쌓고 만들 수 있는 기회가 될 것입니다.

2 이런 점이 좋아요

① 초등학교와 중학교 교육 과정에서 학습하는 수와 연산이나 식, 방정식과 부등식이나 함수에서 다뤘던 내용이 대수적 구조와 어떤 관련이 있는지 쉽게 알 수 있습니다.

② 대수적 구조나 군이라는 생소한 용어가 우리가 항상 계산해 오고 사용해 오던 규칙이라는 것을 알게 됩니다.

③ 수학이 숫자나 문자의 규칙이나 성질만이 아니라, 보다 세분화된 대수나 위상에서 어떻게 구조를 다루는지 생각해 볼 수 있습니다.

3 교과 연계표

학년	단원(영역)	관련된 수업 주제 (관련된 교과 내용 또는 소단원명)
중 1	수와 연산	정수와 유리수
	변화와 관계	좌표평면과 그래프
중 2	수와 연산	유리수와 순환소수
중 3		제곱근과 실수
고 1(공통수학2)	집합과 명제	집합, 명제
	함수와 그래프	함수
비교과		대학 수학, 추상 대수학

4 수업 소개

1교시 집합과 집합의 연산

집합과 집합의 연산에 대한 개념을 실제적인 예시를 통해 학습하여 대수적 구조를 이해하기 위한 기본을 다집니다.

- 선행 학습 : 문자의 사용과 수의 연산에 대한 개념
- 학습 방법 : 책에 서술된 내용을 바탕으로 다른 집합의 예를 찾아보고 직접 연산해 봅니다.

2교시 실수 체계와 이항연산

자연수, 정수, 유리수, 실수와 사칙 연산 등의 개념을 다지고, 나아가 수

체계나 연산에 대한 일반적인 개념과 표현 이해의 기본을 다집니다.

- **선행 학습** : 자연수, 정수, 유리수 등의 개념과 연산과 관련하여 지금까지 학습해 온 수 개념을 정수나 유리수, 실수 범위에서 정립하고, 연산에 대한 일반적인 개념에 대하여 다뤄 봅니다.
- **학습 방법** : 책에서 소개되는 수 체계나 법칙들을 바탕으로 연산에 대한 다양한 예를 생각해 보고 비교하여 이해합니다.

3교시 대수적 구조

실수 체계와 그 연산에 대한 개념 그리고 덧셈이나 곱셈에 대한 교환·결합·분배법칙에 대해서 배워 보고, 문자식에 대한 이해를 근거로 대수적 구조를, 문자를 적용한 일반 관점으로 발전시켜 봅니다.

- **선행 학습** : 자연수나 정수, 유리수, 실수에 대한 정의와 연산과 연산에 대한 교환·결합·분배법칙
- **학습 방법** : 책에서 소개되는 예시와 실수 체계나 연산 등에 대하여 지금까지 구성한 지식을 연결하여 대수적 구조에 대한 개념을 형성합니다.

4교시 군

대수적 구조인 군에 대한 개념과 중학교와 고등학교 교육 과정에서 다루는 군에 대한 예시를 이해합니다.

- 선행 학습 : 집합, 수 체계와 연산 그리고 대수적 구조를 이해합니다.
- 학습 방법 : 군 이론에 대한 개념을 이해하고 책에서 소개되는 예시와 관련된 다른 예를 중고등학교 수학 교과서에서 찾아봅니다.

5교시 준동형사상과 동형사상

수나 식의 연산을 대수적 구조의 준동형사상이나 동형사상의 관점으로 이해합니다.

- 선행 학습 : 대수적 구조나 군에 대한 이해
- 학습 방법 : 함수적 관계에 대한 준동형사상이나 동형사상에 대한 예시를 이해하고, 관련된 예시를 중고등학교 수학 교과서에서 찾아보고 그 의미를 해석해 봅니다.

갈루아를 소개합니다

Évariste Galois(1811~1832)

수학자 갈루아는 15세가 되기 전까지는 수학에 흥미가 없었다고 합니다.

하지만 그는 몇백 년 동안이나 유명한 수학자들이 실패한 오차방정식에 흥미를 보여 결국 그것을 증명하고야 맙니다. 그 과정에서 군 개념도 찾아내게 됩니다.

갈루아의 논문은 지금도 인공위성 발사에 많은 도움을 주고 있다고 합니다.

# 여러분, 나는 갈루아입니다

    내 이름을 들으면서 방정식을 생각하는 학생이 많을 것 같습니다. 나는 오차방정식의 일반 해법이 존재하지 않는다는 것을 증명한 것으로 이름이 알려졌으니 말이죠. 그 문제는 많은 수학자가 도전했지만 해결되지 않았던 문제입니다.

    나는 1811년 파리 근교 작은 마을에서 태어났습니다. 평온하고 따뜻한 성품의 법률가 출신 어머니와 철학을 사랑하는 아버지 아래에서 행복하게 자랐습니다. 그리고 1823년, 내가 12세 때 파리의 리세 루이르그랑 고등중학교에 입학하였으나 프랑스 대혁명이 일어나는 등 당시 시대 상황은 공부에만 집중하기 힘든 시기였습니다. 그리고 나는 낙제를 했지요. 하지만 그런

사정이 내게는 오히려 다양한 경험을 하고 시간을 여유롭게 쓸 수 있는 기회가 된 것도 사실입니다. 그때 수학 교과서를 마치 소설을 읽듯이 탐독할 수 있었죠.

나는 더 큰 호기심으로 르장드르, 야코비, 아벨과 같은 유명한 수학자들의 주요 논문까지 읽게 되었고 내 나름대로 수학을 만들어 냈습니다. 그리고 17세가 되던 해에 매우 중요한 결과를 얻게 되어 그 논문을 프랑스 과학원에 보냈습니다.

그러나 그 소중한 논문은 보관이 잘못되어 분실되었고, 나는 크게 좌절하였습니다. 또다시 불행이 찾아오게 되는데, 18세가 되던 해 나는 당시 프랑스의 유명한 공업학교인 에콜 폴리테크니크에 두 번이나 응시했지만 불합격하기도 했지요.

내가 살았던 시대는 혼돈과 불안의 시대였습니다. 혁명의 분위기도 점점 고조되었습니다. 이러한 가운데 세상사에 도움이 될 만한 공부를 권하는 아버지와 나는 갈등을 겪기도 했습니다. 하지만 나는 계속해서 오차방정식의 해법을 연구했어요. 계속되는 실패에 좌절하기도 했지만 나의 꿈은 여전히 최고의 수학자가 되는 것이었죠.

그리고 1829년 나는 파리 고등사범학교에 들어가 교사가 될 준비를 하였어요. 그러던 중 1830년 나는 세 가지 논문을 써서 큰 상을 받을 목적으로 이것을 학사원에 제출하였지요. 오늘날 전문가들은 내 논문이 최우수상을 받을 만한 충분한 가치가 있다고 하더군요. 하지만 당시 학사원의 간사는 이 논문을 검토하기 위해 집으로 가지고 갔으나 그것을 보기 전에 죽음을 맞이하고 말았습니다. 이후 내 논문은 흔적도 없이 사라져 버렸죠. 이렇게 두 번씩이나 심사 측의 실수로 논문 심사조차 받지 못한 내 운명은 참으로 불행했다 할 수 있습니다.

같은 해 7월 나는 정치 운동에 참가해서 퇴학당하고 말았습니다. 이후 고등 대수학, 정수 및 타원함수에 관한 학원을 차렸으나 학생을 모을 수가 없었습니다. 나는 하는 수 없이 입대하였어요. 하지만 그 와중에도 나는 수학을 포기하지 않았고, 현재 '갈루아 이론'으로 불리는 방정식의 일반적 해법에 관한 논문을 학사원에 보냈습니다. 그러나 당시 심사 위원은 내 논문을 단지 이해하기 어려운 논문이라고 평가 내렸습니다.

1831년 내가 속한 군대의 해산 명령이 내려져 다른 병사들과 술자리를 가졌는데 여기서 생긴 사소한 오해로 체포되어 감옥에 투옥되기도 했어요. 감옥에서 외출할 때 한 여성과 연애

하게 되었는데 1832년 석방되어 연적과 결투를 하다가 21세의 젊은 나이에 죽음을 맞게 되지요.

  나는 그 결투에서 죽게 될 것이라는 것을 예감했기에 친구인 슈발리에에게 유고遺稿를 남겼습니다. 이 편지에 나는 수 세기 동안 수학자들을 괴롭혀 왔던 문제의 해법을 설명해 놓았어요. 후에 몇몇 수학자에 의해 군론에 포함된다는 것이 판명되었으며, 바로 이것이 방정식에 대한 내 이론, '갈루아 이론'이랍니다. 군론 개념에 기초를 둔 방정식의 갈루아 이론은 유클리드 도구만을 가지고 기하학적 작도를 할 수 있는 가능성에 의한 기준과 대수방정식의 해의 존재 가능성에 대한 기준을 제공했습니다. 나는 본질적으로 군group의 연구를 창시하였고, 1830년 '군'이라는 말을 최초로 사용했습니다. 내 이론인 군의 개념은 기하학이나 결정학結晶學에도 응용되었고, 물리학에도 풍부한 연구 수단을 제공하였습니다.

  여러분도 《갈루아가 들려주는 군 이야기》를 마치 소설을 읽듯이 쉽게 읽고 수학에 대한 즐거운 경험을 할 수 있기 바랍니다.

1교시

집합과 집합의 연산

집합의 개념을 이해하고
이를 표현할 수 있습니다.

수업 목표

1. 집합의 개념을 이해합니다.
2. 집합을 표현할 수 있습니다.
3. 집합 사이의 포함관계를 이해합니다.

미리 알면 좋아요

1. **집합과 원소** 주어진 조건으로 그 대상을 분명히 알 수 있는 것의 모임을 집합이라 하고, 집합을 이루는 대상 하나하나를 그 집합의 원소라고 합니다.

2. **원소나열법** 해당 집합에 속하는 모든 원소를 { } 안에 나열하여 집합을 나타내는 방법을 원소나열법이라고 합니다.

3. **조건제시법** 해당 집합에 속하는 원소들의 공통된 성질을 조건으로 제시하여 집합을 나타내는 방법을 조건제시법이라고 합니다.

4. **공집합과 유한집합** 유한개의 원소, 셀 수 있는 원소로 이루어진 집합을 유한집합이라 하고, 무한히 많아서 셀 수 없는 원소로 이루어진 집합을 무한집합이라고 합니다. 그리고 원소가 하나도 없는 집합을 공집합이라 하고, 이것을 기호로는 ϕ와 같이 나타냅니다. 공집합은 유한집합입니다.

5. **원소의 개수** 집합 A가 유한집합일 때, 집합 A의 원소의 개수를 기호로는 $n(A)$와 같이 나타냅니다.
집합 $A=\{a, f, g, h, j\}$의 원소 개수는 5개이므로, $n(A)=5$입니다.
공집합은 원소가 하나도 없으므로 $n(\phi)=0$입니다.

6. **약수와 배수** 약수約數는 어떤 수를 나누었을 때 나머지가 0인 수를 말하며, 배수 관계와 서로 반대되는 개념입니다. 배수倍數란 그 어떤 수를 정수배특히 자연수배 한 수를 말합니다.

갈루아의 첫 번째 수업

안녕하세요. 여러분! 나는 수학자 갈루아입니다. 나는 오늘 여러분과 함께 수학이란 어떤 학문인가를 알아보는 작은 여행을 떠나고자 합니다. 하지만 이런 여행을 제안하는 나도 처음부터 수학 천재이지는 않았습니다. 어릴 적 내 주위 사람들은 나를 '독창적이지만 아주 엉뚱한 토론을 좋아하는 학생'이자, '높은 자부심을 가진 학생'이라고 하였습니다.

사실, 나는 14세 때 공부에 흥미를 잃어서 15세 때는 낙제까지 했습니다. 하지만 나는 수학에 있어서 만큼은 결코 열정을 잃지 않았습니다. 나폴레옹이 "황금알을 품은 암탉을 죽일 수는 없다."는 말을 남겼듯, 나는 나의 꿈을 잃지 않았습니다. 내 안에 있는 황금알을 소중히 지켰던 것이지요. 여러분도 자신의 황금알을 한번 찾아보기 바랍니다.

자, 본격적인 수업을 시작하기 전에 이번 시간에 배우게 될 용어를 알아보도록 합시다. 여러분은 이미 이 말을 어디선가 들어 보았을 것입니다.

'집합'은 무엇일까요?

현대 수학 이론은 집합을 인간의 가장 뛰어난 지적 창조물 중 하나라고 생각합니다. 집합은 수학 연구에 아주 막대한 영향을 끼쳤습니다. 집합에 대한 연구는 수학과 철학, 논리학과 같은 다른 학문 사이를 연결하는 하나의 고리를 형성한다고 볼 수 있습니다.

오늘 이 시간에는 집합의 개념과 그 연산에 대하여 알아보고자 합니다. 집합은 여러분이 잘 알고 있는 자연수 체계나 성질의 근거를 제시하는 탄탄한 기둥이라는 것을 알고 있어야 합니다. 따라서 수의 체계와 대수적 구조를 학습하기에 앞서 집합에 대한 수업을 하는 것입니다.

집합은 한자로 集合입니다. 모을 집集과 합할 합合으로 그 의미는 '한곳으로 모음'이나 '한곳으로 모임'이라는 뜻입니다. 여러분은 체육 시간이나 견학을 가서 "집합!"이라는 말을 들어 본 적이 있을 겁니다. 그리고 심리학 용어 중에도 세트set라는 말이 있습니다. 여기서 말하는 세트란, '구체적인 실험 조건이라든가 실험자의 교시敎示 등에 의하여 만들어지는 것과 같은 일시적이며 반복 가능한 조건'을 가리킵니다. 중요한 것은 어떤 특정한 자극 대상이나 사상事象을 선택적으로 감수感受하도록 하는 조건 또는 어느 특정 활동 및 반응을 불러일으키도록 하는 조건이 명확한 조건이라는 것입니다.

오늘 우리가 학습하고자 하는 '집합'은 일상적으로 사용하는 용어나 심리학 용어와는 다른 수학적 의미로서 집합입니다. 하지만 이 수학 용어로서의 집합이 우리가 일상에서 사용하는 일상 용어나 명확한 조건의 의미를 갖는 심리학 용어와 완전히 다르다고는 볼 수 없습니다. 다만 그 사용에 구분이 필요합니다. 자, 그럼 지금부터 어떻게 다른지 알아볼까요?

먼저 질문을 하나 하겠습니다.

'안경을 쓰는 학생' 손 들어 보세요!

어? 그런데 학생은 안경을 쓰고 있지 않은데 왜 손을 들었나요?

"원래는 안경을 쓰는데 아침에 잃어버려서, 지금은 못 쓰고 있거든요!"

아! 그렇군요! 질문을 다시 하겠습니다. 안경을 쓰고 있는 학생들 손 들어 보세요!

교실에 있는 학생 중에서 안경을 쓰고 있는 학생들만이 손을 들었습니다.

이제는 안경을 쓰고 있는 모든 학생이 손을 드는군요! 그러면 키가 큰 학생 손 들어 보세요.

"선생님! 저는 제 키가 큰지 작은지 잘 모르겠는데 어떻게 하죠?"

이번에도 내 질문이 분명하지 않았군요. 그러면 신장이 160cm 이상인 학생 손 들어 보세요.

몇몇 학생이 손을 번쩍 들었습니다.

하하! 이번에는 내 질문이 분명했습니다. 이 질문을 다른 학생이 하더라도 손을 든 학생들은 변하지 않을 것입니다.

오늘 여러분과 함께하고 있는 수업은 집합에 관한 것입니다. 지금처럼 주어진 조건에 의해 그 대상을 분명히 알 수 있는 것의 모임을 집합이라고 합니다. 그리고 그 집합을 이루고 있는 대상 하나하나를 집합의 원소라고 합니다. 아까 내가 신장이 160cm 이상인 학생은 손을 들라고 했더니 준섭이와 승현 그리고 현석, 형우가 손을 들더군요. 그럼 그 집합의 원소는 준섭, 승현, 현석, 형우가 됩니다. 하지만 키가 큰 학생들의 모임, 높은 산들의 모임, 멋진 사람들의 모임과 같은 조건은 사람마다 각기 다를 수 있습니다. 이와 같이 조건이 분명하지 않을 경우는 집합이라고 볼 수 없습니다.

집합에 속하는 원소는 구체적인 사물이나 추상적으로 생각되는 대상이라도 관계는 없지만, 분명하고 명확하게 규정되어야 합니다. 누가 판단을 하더라도 어떤 원소가 그 집합에 들어 있는지, 들어 있지 않은지를 구분할 수 있어야 합니다.

그리고 그 집합에서 두 원소를 취했을 때, 그 두 원소가 서로 같은지, 같지 않은지를 식별할 수 있어야 합니다. 그런 이유 때문에 '큰 학생들의 모임'이라든가 '멋진 사람들의 모임'은 집합이 될 수 없습니다.

집합을 나타내는 방법은 무엇일까요?

집합 기호는 { }이며, 독일의 수학자 칸토어Georg Cantor, 1845~1918가 1895년에 쓴 원고에서 처음으로 사용한 기호입니다. 집합 자체는 A, B, C, …… 등 대문자로 사용하고, 해당 집합의 원소를 나타낼 때는 $a, b, c,$ …… 등과 같은 소문자를 사용합니다.

가령, 자신의 진약수를 모두 더한 수와 자신이 같게 되는 수인 완전수 가운데 하나인 28(=1+2+4+7+14)의 약수를 집합 A라고 한다면, 어떻게 집합을 나타낼 수 있을까요?

다음과 같이 나타낼 수 있습니다.

집합 A={1, 2, 4, 7, 14, 28}

이와 같이 그 집합에 속하는 모든 원소를 { } 안에 나열하여 집합을 나타내는 방법을 원소나열법이라고 합니다. 중요한 것은 원소를 순서에 관계없이 한 번만 쓴다는 것입니다.

"선생님! 만일 자연수 1, 2, 3, 4, ……의 집합을 원소나열법으로 표현할 때는 어떻게 해야 하나요?"

좋은 질문입니다. 그런 경우처럼 집합의 원소가 많고 일정한 규칙이 있는 경우에는 원소의 일부분을 생략하고 '……'를 사용하여 {1, 2, 3, 4, 5, ……}와 같이 나타내면 됩니다.

아, 다른 방법도 있습니다. 그것은 조건을 말하는 방법입니다. 예를 들면 집합 A에 대하여 각 원소가 가지는 공통된 성질을 제시하여 $A = \{x | x$는 28의 약수$\}$와 같이 나타낼 수 있습니다. 이와 같이 그 집합에 속하는 원소들의 공통된 성질을 조건으로 제시하여 집합을 나타내는 방법을 조건제시법이라고 합니다.

그리고 원소 1이 집합 A의 원소일 때, '1은 집합 A에 속한다.' 또는 'A가 1을 포함한다.'라고 표현하며, 기호로 $1 \in A$ 또는 $A \ni 1$과 같이 나타냅니다. 또 3은 집합 A의 원소가 아니기 때문에 이것을 기호로 나타낼 때는, '3은 집합 A에 속하지 않는다.'라고 하고, 기호로 $3 \notin A$와 같이 나타냅니다.

> **Tip**
>
> 기호 ∈는 1903년 영국의 수학자이자 철학자인 러셀Bertrand Arthur William Russell, 1872~1970의 책에 처음 사용되었으며, 원소element의 머리글자에서 따온 것이라고 합니다.

집합이라는 개념은 새로운 개념이라고 할 수 있지만, 사실 그 예는 여러분이 학습해 온 내용이며 과정입니다. 약수와 배수 등과 같이 자연수에 관련된 내용을 집합이라는 개념의 고리로 다시 연결해 보세요.

집합을 원소의 개수에 따라 어떻게 분류할까요?

사람의 몸속에는 몸무게를 나타내는 1kg당 약 $\frac{1}{14}$L의 혈액이 있습니다. 만일 몸무게가 40kg이라면 몸속에는 약 3L, 즉 3,000,000mm³의 혈액이 들어 있다고 볼 수 있습니다. 그리고 1mm³의 혈액에는 약 500만 개의 적혈구가 들어 있기 때문에 몸속에 들어 있는 적혈구 전체의 수는 15조 개나 된다고 생각할 수 있습니다. 이처럼 큰 수라는 것은 셀 수 있는 수입니다. 힘들게 세더라도 말입니다. 하지만 셀 수 없다는 것은 유한有限

개념이 아니라, 무한無限 개념입니다. 즉, 한계가 없다는 뜻입니다. 지구상에 살고 있는 사람의 수는 큰 수이지만 셀 수 있기에 한계가 있습니다. 하지만 하늘의 별은 한계를 찾을 수 없습니다. 그래서 셀 수 없는 수입니다. 2010년 2월 2일 오전 지구상의 인구는 약 6,861,359,625명을 돌파하고 있습니다. 계속 증가하고 있지만 셀 수 있는 대상입니다.

집합의 원소 개수도 셀 수 있는 유한한 경우를 <mark>유한집합</mark>이라고 하고, 셀 수 없이 무한한 경우를 <mark>무한집합</mark>이라고 합니다.

원소가 하나도 없는 집합은 어떤 것일까요?

예를 들면 1보다 작은 자연수의 모임을 집합 B라고 한다면 집합 B의 원소는 하나도 없게 됩니다. 이러한 집합을 공집합空集合이라고 합니다. 기호로는 ∅ 또는 { }로 나타냅니다.

공집합에서 空의 의미를 한번 되새겨 볼까요? 空의 의미는 뜻을 나타내는 구멍 혈穴 부와 음音을 나타내는 工공이 합하여 이루어진 형성 문자입니다. 工의 도구道具를 이용하여 무언가를 만드는 모양과 구덩이를 판 구멍穴이 비어 있다는 뜻이 합쳐져 '비다'를 뜻하는 것입니다. 따라서 속이 텅 비어 있는 실체가 없는 집합이라는 것이죠. 인도 수학에서 空은 수냐를 의미합니다. '수냐'는 영零을 의미하는 말로, 없는 것, 비어 있는 것, 결핍되어 있는 것을 가리킵니다. 그리고 특히 대승 불교에서 반야경전을 근본으로 사물의 실상을 파악하고자 하는 사상인 반야 사상 계통의 중심 사상이 되는 말이라고 합니다. 반야라는 것은 공空을 중심으로 하는 사상이며, 반야란 산스크리트의 prajnñā를 음역한 것으로 '지혜'를 뜻한다고 합니다.

결국, 원소가 하나도 없는 집합을 공집합이라고 하는 이유를 알겠죠? 그러면 이러한 공집합은 유한일까요? 무한의 개념일까요? 아무것도 없다는 것은 셀 수 없는 것이 아니라, '0'이라는 숫자로 원소의 개수를 나타낼 수 있기 때문에 유한집합이라고 볼 수 있는 것입니다.

집합 A = {1, 2, 4, 7, 14, 28}은 유한집합입니다. 이와 같이 유한집합일 때, 집합 A의 원소의 개수를 기호로 나타내면 $n(A)=6$이 됩니다. 그리고 공집합의 경우는 $n(\phi)=0$이 됩니다. 무한집합의 경우는 원소의 개수를 표현할 수 없습니다. 하지만 무한집합의 원소 개수는 셀 수 없지만 그 농도는 비교 가능합니다. 예를 들면 두 무한집합의 원소 사이에 일대일 대응이 이루어질 때, 두 무한집합의 농도濃度가 같다고 합니다. 조금 더 어려운 수학에서는 유한집합의 원소의 개수에 해당하며, 카디널 수 cardinal number라고도 하는 용어가 바로 농도입니다. 무한집합 중에서 자연수와 같은 농도의 집합을 가산집합可算集合 또는 가부번집합可附番集合이라고도 합니다. 이 부분은 이 정도로만 설명하겠습니다.

두 집합 사이의 포함관계는 어떤 것일까요?

집합 A의 원소가 모두 집합 B의 원소일 때 A를 B의 부분집합_{部分集合, subset}이라 하고, A⊂B 또는 B⊃A로 나타냅니다.

> **Tip**
> 기호 ⊂, ⊃는 부분집합을 나타내는 기호로 1898년 이탈리아의 수학자 페아노가 처음으로 도입하였다고 합니다. 이것은 포함하다_{contain}의 머리글자에서 비롯되었습니다.

두 집합 A, B에서 $x \in A$인 임의의 원소 x에 대하여 반드시 $x \in B$일 때 A를 B의 부분집합이라 하고, A⊂B 또는 B⊃A로 나타내며 이것을 'A는 B에 포함된다.' 또는 'B는 A를 포함한다.'고 합니다.

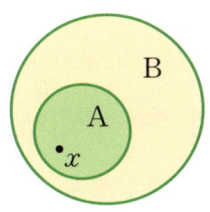

만일 집합 C={코끼리, 하마, 타조}일 때, 집합 C에 포함되는 부분집합은 어떤 집합이 있을까요? 우선 원소가 하나도 없는 공집합 ϕ이 있을 것이고 원소가 1개인 부분집합으로는 {코끼

리}, {하마}, {타조}가 있습니다. 원소가 2개인 부분집합은 어떤 집합이 있을까요? {코끼리, 하마}, {코끼리, 타조}, {하마, 타조}가 있습니다. 그리고 원소가 3개인 부분집합은 어떤 것이 있을까요? 바로 자기 자신인 {코끼리, 하마, 타조}가 있습니다. 따라서 집합 C의 부분집합은 다음과 같습니다. ϕ, {코끼리}, {하마}, {타조}, {코끼리, 하마}, {코끼리, 타조}, {하마, 타조}, {코끼리, 하마, 타조}

　여기서 집합 {코끼리, 하마, 타조}와 집합 C의 관계를 생각해 볼까요? {코끼리, 하마, 타조}⊂C이며, C⊂{코끼리, 하마, 타조}입니다. 이런 관계는 어떤 관계일까요? 이런 경우는 {코끼리, 하마, 타조}, C는 상등相等이라 하고 {코끼리, 하마, 타조}＝C로 나타냅니다. 또한 집합 A⊂B이고 A≠B일 때는 A를 B의 진부분집합이라고 합니다. 앞의 경우에서 생각한다면 원소의 개수가 0, 1, 2개인 부분집합들이 집합 C의 진부분집합이 되는 것입니다. 또한 그 대상의 전체 범위를 전체집합이라 하고 보통 U로 씁니다. 임의의 집합 C는 전체집합 U의 부분집합입니다. 예를 들면, 집합 C의 전체집합으로 무엇을 상상할 수 있을까요? 동물원의 동물들이나 동물들과 같은 집합을 생각할 수 있을 것입니다. 가장 작게는 그것과 같은 집합부터 무수히 많은 원소를 가진 집합까지 전체집합이 될 수 있습니다.

집합도 연산할 수 있을까요?

연산이라고 하면 무엇이 생각나지요? 덧셈, 뺄셈, 곱셈, 나눗셈이 생각날 것입니다. 하지만 이와 같은 사칙 연산은 우리가 지금까지 익숙하게 다뤄 왔던 '수'를 대상으로 구성하였던 것이죠. 하지만 이번에는 집합을 대상으로 생각해 볼까요?

"선생님, 집합도 더하거나 뺄 수 있나요?"

더하거나 뺀다……. 글쎄요, 하지만 완전하게 분리된 개념은 아닐 것입니다. 더한다는 것은 합한다는 의미이고, 뺄셈이라는 것은 대상의 수치적인 '차이'를 말하는 것이죠! 따라서 '얼마나 더 많고', '얼마나 더 적은가'를 생각하는 것이었습니다.

그렇다면 집합에서는 어떠한 연산이 가능할까요? 집합의 특성을 한번 생각해 보세요. 집합은 단지 그 개수만이 있는 것이 아니라, 해당 집합을 구성하는 낱낱의 원소들이 있습니다. 만일 집합 A가 6의 약수로 이뤄진 집합이고, 집합 B가 8의 약수로 이뤄진 집합이라면, 이들의 원소는 공통적인 것도 있고, 공통적이지 않은 원소도 있습니다. 그렇다면 더하거나 뺀다는 연산을 생각할 때 그들은 어떻게 될 것인가를 생각해 보아야 할 것입니다. 자! 그러면 지금부터 시작해 볼까요? 먼저 두 집합 A, B를 벤 다이어그램으로 그려 볼게요.

A＝{1, 2, 3, 6} B＝{1, 2, 4, 8}

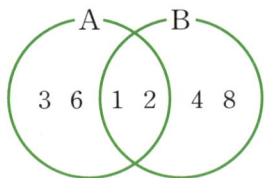

두 집합 A, B에 대하여 집합 A에도 속하고 집합 B에도 속하는 모든 원소로 이루어진 집합을 A와 B의 교집합, 즉 A, B에 동시에 속한 원소로 이루어진 집합을 A와 B의 교집합交集合, intersection이라 하고, 기호로 A∩B와 같이 나타냅니다. 두 집합 A와 B의 교집합을 조건제시법으로 나타내면 다음과 같습니다.

A∩B＝$\{x | x \in A$ 그리고 $x \in B\}$

두 집합의 교집합은 두 집합의 원소 중에서 교차되는 원소이며 공통되기에 사귈 수 있는 원소로 이뤄진 집합, 즉 교交, 사귈 교 집합이 되는 것입니다.

앞에 제시된 벤 다이어그램의 겹쳐지는 부분이 두 집합 A, B의 교집합이라면, 원소를 {1, 2, 3, 4, 6, 8}로 갖는 전체 다이어그램은 어떤 연산일까요? 아마도 합의 개념일 것 같다는 생각이 들죠? 이러한 연산으로 구성되는 집합을 A와 B의 합집합合集合, union이라 하고, 기호로 $A \cup B$와 같이 나타냅니다. 즉, 두 집합 A, B에 대하여, A에 속하거나 B에 속한 원소로 이뤄진 집합입니다.

정리하면 A, B 중 적어도 어느 한쪽에 속한 원소로 이루어진 집합을 말하는 것입니다. 여기서 기억해야 하는 집합의 특성이 있습니다. 그것은 원소를 순서에 관계없이 한 번만 쓴다는 것입니다. 예를 들면 {2, 2, 2, 2}로 쓰지 않고 {2}로 표현합니다. 따라서 이러한 특성에 따라 두 집합의 합집합은 각 집합의 원소를 모두 합하여 구성하는 집합이지만 공통되는 원소는 단 한 번만 쓰게 되는 것입니다. 두 집합 A와 B의 합집합을 조건제시법으로 나타내면 다음과 같습니다.

A∪B={$x|x$∈A 또는 x∈B}

> **Tip**
>
> 지금까지 기호 ∪, ∩의 원조는 알려져 있지 않지만 1877년 이탈리아의 수학자가 처음으로 사용한 논리기호 ∧, ∨에서 발전, 변형된 것으로 보고 있습니다. 그리고 전체집합을 나타내는 기호 U는 전체집합 universal set의 첫 글자를 의미합니다.

자! 이번에는 A에만 속하는 원소나 B에만 속하는 원소에 대하여 이야기해 보겠습니다. 예를 들면 {3, 6}은 A에만 속하는 집합이 되며 {4, 8}은 B에만 속하는 집합입니다. 이러한 집합을 구성하기 위해서는 두 집합 A, B에 대하여 공통되는 원소를 각각 제외하면 되는 것이라고 생각할 수 있습니다. 마치 뺄셈을 연상시키지 않나요? 따라서 이러한 집합의 연산을 **차집합**差集合, difference set이라고 합니다. A에 대한 B의 차집합은 A에서 B와 공통된 원소를 제외한 원소로 구성되는 집합이며, B에 대한 A의 차집합은 B의 집합에서 A와 공통된 원소를 제외하고 남은 원소로 구성되는 집합이 됩니다. 따라서 A에 속하고 B에는 속하지 않는 원소의 집합을 **A−B**로 나타내고 A에 대한

B의 차집합이라고 하는 것입니다. 일반적으로 차집합 A−B는 A−B=$\{x|x\in A\not\in x\in B\}$이며, 이것을 다음 페이지의 벤 다이어그램으로 확인할 수 있습니다.

이러한 차집합의 개념을 전체집합과 전체집합에 포함되는 부분집합과의 관계에서 생각하는 것이 바로 여집합餘集合, complementary set 입니다. 전체집합 U의 한 부분집합 A가 주어진 경우 전체집합 U에는 속하지만 집합 A에는 속하지 않는 원소

의 집합을 집합 A의 전체집합 U에 관한 여집합이라 하고 A^c로 나타냅니다. 즉, $A^c = U - A$입니다. 전체집합에 대하여 자기 자신인 집합 A를 제외하고 남은 원소로 구성된 집합을 말하는 것입니다. 여餘는 '남기다'의 의미입니다. 한자의 의미에서도 그 뜻을 생각해 볼 수 있을 것입니다. 한 가지 더 말씀드리자면, 차집합과 여집합 사이에는 $A - B = A \cap B^c$인 성질이 있습니다. 차집합差集合에서도 차差의 뜻은 '엇갈리다', '다르다'입니다. 두 집합 A, B에 대하여 다른 부분인 원소로 구성되는 집합이라는 것을 알 수 있을 것입니다.

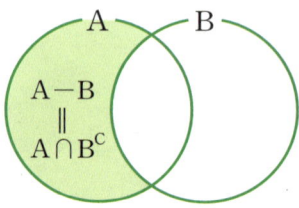

벌써, 우리가 집합의 의미와 표현 방법, 그리고 연산에 대하여 모두 살펴보았네요. 지금 보면 그 내용이 체계적인 것 같지만, 과거 칸토어가 자신의 연구를 발표할 때는 많은 논쟁과 비난을 받았답니다. 하지만 이러한 집합에 대한 개념은 현대 수학의 기초를 이루고 있는 매우 중요한 개념입니다. 우리가 앞으로 학습하게 될 내용에 대한 기초가 될 것입니다.

   여러분이 집합의 개념을 이해하고 집합의 연산을 할 수 있는 능력은 앞으로 학습할, 아니면 학습했던 자연수, 정수, 유리수, 실수의 순서로 개념을 확장하여 이해하려는 도구로 활용하기 위한 것이랍니다.

수업 정리

❶ 집합은 '신장이 160cm 이상인 학생의 모임', '4보다 크고, 16보다 작은 짝수의 모임'과 같이 어떤 조건에 따라 분명하게 결정되는 대상들의 모임을 말합니다. 그리고 집합을 구성하는 각각의 대상들을 그 집합의 원소라고 합니다.

❷ 집합 A의 원소가 3일 때, '3은 집합 A에 속한다.'라고 표현하며, 기호로 $3 \in A$ 또는 $A \ni 3$과 같이 나타냅니다. 또한 3이 A의 원소가 아닐 때, '3은 집합 A에 속하지 않는다.'고 하고, 기호로 $3 \notin A$와 같이 나타냅니다. 집합의 원소의 개수가 유한한 경우는 유한집합, 무한한 경우는 무한집합이라고 합니다. 그리고 원소가 하나도 없는 집합을 공집합이라고 하며 { } 또는 ϕ로 나타냅니다.

❸ 집합 A의 원소가 모두 집합 B의 원소일 때 A를 B의 부분집합subset이라 하고, $A \subset B$ 또는 $B \supset A$로 나타냅니다. $A \subset B$이며 $B \subset A$일 때 A, B는 상등相等이라 하고 $A = B$로 나타냅니다.

❹ 두 집합 A, B에 대하여, A에 속하거나 B에 속한 원소, 즉 A, B 중 적어도 어느 한쪽에 속한 원소로 이루어진 집합을 A와 B의 합집합合集合이라 하고, 기호로 $A \cup B$와 같이 나타냅니다. 또 A에도 속하고 B에도 속한 원소, 즉 A, B에 동시에 속한 원소로 이루어진 집합을 A와 B의 교집합交集合이라 하고, 기호로 $A \cap B$와 같이 나타냅니다.

❺ A에 속하고 B에는 속하지 않는 원소의 집합을 $A-B$로 나타내고 A에 대한 B의 차집합이라 합니다. A에 속하지 않는 원소의 집합을 A의 여집합이라 하고, A^c로 나타냅니다. 즉, $A^c = U - A$입니다.

2교시

실수 체계와 이항연산

자연수, 정수, 유리수, 실수의 특징에 대해 알아봅니다.

수업 목표

1. 자연수, 정수, 유리수, 실수를 이해합니다.
2. 실수의 사칙 연산을 할 수 있습니다.
3. 일반적인 연산을 할 수 있습니다.

미리 알면 좋아요

1. **자연수와 정수** 물건의 수를 세거나 순서를 말할 때, 기본이 되는 수인 1, 2, 3, 4, ……를 양의 정수 또는 자연수라고 합니다. $-1, -2, -3, -4,$ ……를 음의 정수라고 하고, …… $-4, -3, -2, -1, 0, 1, 2, 3$ ……과 같이 양의 정수 음의 정수 0을 통틀어서 정수라고 합니다.

2. **유리수** 정수 a, b(단, $b \neq 0$)를 써서 $\frac{a}{b}$의 꼴로 나타낸 수를 유리수라고 합니다. 정수 a는 $\frac{a}{1}, \frac{2a}{2}, \frac{3a}{3}, \frac{4a}{4},$ ……와 같이 나타내어지므로 정수도 유리수라 합니다.

3. **무리수** 정수가 아닌 유리수를 소수로 나타낼 때, 소수 부분이 유한개의 숫자로 되는 경우와 그렇지 않는 경우가 있습니다. 유한개의 숫자로 되는 경우를 유한소수라고 하고, 유한하지 않는 경우를 무한소수라고 합니다. 예를 들면 $\frac{3}{4}=0.75, \frac{2}{3}=0.6666666$……에서 $\frac{3}{4}$은 유한소수이며, $\frac{2}{3}$는 무한소수이며 순환소수입니다. 그러나 $\sqrt{2}=1.414213$……, $\sqrt{3}=1.732050$…… 등과 같이 순환하지 않는 무한소수를 무리수라고 합니다.

4. **실수** 유리수와 무리수를 통틀어서 실수라고 합니다.

5. 역수 0이 아닌 어떤 수 a에 대하여 1을 그 수로 나눈 수 $\frac{1}{a}$을 a의 역수라 합니다. 즉, 두 수의 곱이 1이 될 때 그 수들은 서로 역수가 됩니다. a가 분수일 때 그 역수는 분모와 분자를 교환한 것이 되는데, 이를테면 $\frac{5}{3}$의 역수는 $\frac{3}{5}$입니다.

6. 절댓값 절댓값 absolute value은 실수實數 a에 대하여 a와 $-a$ 중에서 작지 않은 쪽의 값으로 a의 절댓값을 기호 $|a|$로 나타냅니다. 절댓값을 수직선 위에서 말하면, 실수 a에 수직선 위의 한 점이 대응되었을 때 대응점과 원점原點 사이의 거리를 뜻합니다.

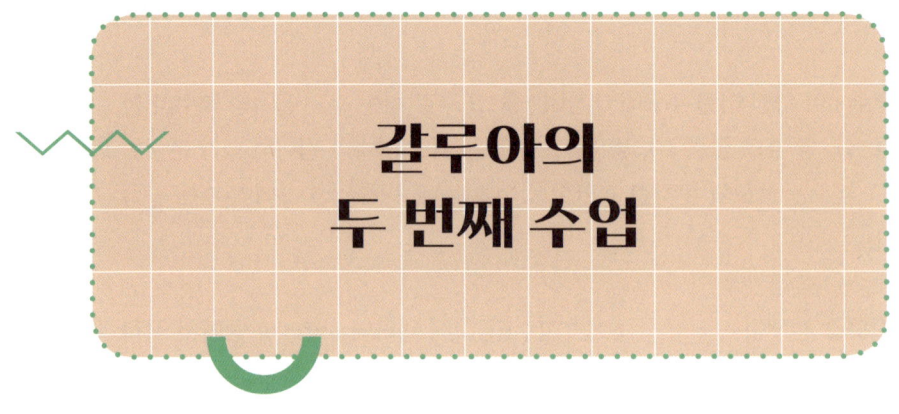

갈루아의 두 번째 수업

여러분은 초등학생 때부터 '수'에 대한 개념과 연산을 학습해 왔습니다. 그렇다면 중학교에서 배우는 정수와 유리수는 어떻게 정의할까요?

정수는 자연수에 양의 부호를 붙인 수를 양의 정수, 자연수에 음의 부호를 붙인 수를 음의 정수라고 합니다. 즉, 양의 정수와 0, 음의 정수를 통틀어서 정수라고 합니다. 기억나죠? 하하, 유리수 하면 무엇이 생각나죠?

"분수요!"

"분모는 0이 돼서는 안 돼요!"

분자와 분모(단, 분모≠0)가 모두 정수인 분수로 나타낼 수 있는 수를 유리수라고 합니다. 그래서 정수 3과 7은 $3=\frac{3}{1}=\frac{6}{2}=\frac{9}{3}$, $7=\frac{7}{1}=\frac{14}{2}=\frac{21}{3}$과 같이 나타낼 수 있으므로, 모든 정수는 유리수의 꼴로 나타낼 수 있습니다. 따라서 여러분이 지난 시간에 배운 부분집합의 개념을 활용하면, 정수가 유리수 전체집합의 부분집합이 된다고 볼 수 있습니다.

유리수의 사칙 연산덧셈, 뺄셈, 곱셈, 나눗셈에도 법칙이 있나요?

"네! 부호가 같은 두 수의 합은 두 수의 절댓값의 합에 공통인 부호를 붙여요! 그리고 부호가 다른 두 수의 합은 절댓값의 차에 절댓값이 큰 수의 부호를 붙인 것과 같아요! 그리고 뺄셈은 빼는 수의 부호를 바꿔서 더하는 것으로 생각하면 돼요!"

그렇습니다! 그러면 곱셈과 나눗셈은 어떻게 하죠?

"부호가 같은 두 수의 곱은 두 수의 절댓값의 곱에 양의 부호+를 붙인 것과 같습니다. 그리고 부호가 다른 두 수의 곱은 두 수의 절댓값의 곱에 음의 부호를 붙인 것과 같습니다. 나눗셈은 그 수의 역수를 곱하는 것과 같다고 보고, 부호를 정하는 방법은 곱셈과 같아요. 물론 0으로 나누는 것은 생각하지 않고요."

맞습니다. 자연수와 정수에서 배운 덧셈과 곱셈의 성질이 보존된다는 것을 알 수 있겠죠? 이처럼 여러분은 단지 직접 쓰고 계산하는 수학에서 규칙을 생각하고 또 추측도 해야 하는 수학을 향해서 가고 있습니다. 그렇다면 우리가 궁극적으로 학습하고자 하는 대수적 구조algebraic structure라는 것은 무엇일까요?

일반적으로 수와 연산에 관련된 구조라고 볼 수 있습니다. 초등학교에서는 '2＋5, 5－2, 5×6, 12÷3은 각각 얼마인가?'라는 질문에 답을 찾는 것이 목표이며, 이상할 것이 없습니다. 하지만 앞으로는 그리고 지금부터는 '4－12, 12÷5는 각각 얼마인가?'에 대한 질문의 답을 생각해야 합니다. 대부분의 초등학생이 앞의 질문에 답을 찾지 못하는 이유가 무엇이라고 생각하나요?

"선생님, 그 답이 자연수에 없기 때문이에요!"

바로 그것입니다. 질문에 해당되는 수는 모두 자연수지만 뺄셈이나 나눗셈에 대한 답이 되는 수가 자연수가 아니기 때문이죠. 이처럼 자연수 범위에서 자유롭게 할 수 있는 연산은 무엇일까요?

"덧셈과 곱셈이요!"

그렇습니다. 이처럼 자연수끼리는 서로 더하거나 곱해도 그 답은 여전히 자연수가 됩니다. 이번에는 지난 시간 학습했던 집합과 원소의 개념을 이용하여 설명해 볼까요? 자연수로 이뤄진 집합이 있다고 합시다. 그러면 그 집합은 무한집합이 될 것입니다. 1, 2, 3, 4, …… 이렇게 끊임없이 이어질 테니 말입니다. 이러한 자연수 집합을 N이라고 합시다. 내가 자연수를 하나 선택하면, 그 자연수는 집합 N의 무엇이 되나요? 선택한 수가 3이라고 합시다. 그러면 3은 집합 N의 무엇인가요?

"원소입니다. 기호로도 나타낼 수 있습니다. 3∈N."

맞습니다. 그렇다면, 집합 N에서 임의의 두 원소를 선택하여 그 원소끼리 덧셈하거나 곱셈하면 그 답은 항상 자연수가 된다는 것을 생각할 수 있습니다. 이처럼 해당 집합에서 연산을 자유롭게 할 수 있는 경우가 항상 보장된다면 수 개념의 확장은 이뤄질 필요가 없었겠죠?

지금부터 연산의 자유로움이 허락되는 경우와 그렇지 않은 경우가 어떻게 다르고 그것을 어떻게 구분하는지 이야기하겠습니다. 우선 자유롭게 연산이 가능한 자연수 집합 N에서의 덧셈과 곱셈과 같은 경우를 'N은 덧셈에 대하여 닫혀 있다.', 'N은 곱셈에 대하여 닫혀 있다.'고 합니다. 하지만 뺄셈이나 나눗셈에 대하여 자연수 집합 N은 어떤가요?

뺄셈이나 나눗셈의 결과가 항상 자연수가 되는 것은 아닙니다. 3-7=-4이니까요! 그렇기 때문에 이와 같이 자연수의 연산 결과가 그 집합 안에서 원소로 존재하지 않는다면, 'N은 뺄셈, 나눗셈에 대하여 닫혀 있지 않다.'고 말하는 것입니다.

결국 '닫혀 있다'라고 하거나 '닫혀 있지 않다'라고 말하는 것

은 해당되는 연산을 그 집합에서 자유롭게 할 수 있는가의 여부에 대한 것입니다.

여러분이 잘 알고 있는 피타고라스학파는 생활 방식 가운데 콩을 먹는 것을 금지하는 조항이 있었습니다. 콩이 인체의 한 부분과 비슷하게 생겼다고 생각하여 콩을 먹는 것은 살아 있는 영혼을 먹는 것이라고 보았기 때문이라는 이야기도 있습니다. 콩을 먹는 것은 영혼을 먹는 것이기 때문에, 콩을 먹고 나오는 방귀는 생명력이 없어졌다는 증거라고 생각했다고 합니다. 그렇다면 피타고라스학파의 일원은 모두 콩을 먹지 않았다고 볼 수 있습니다. 피타고라스학파라는 울타리 안에서 콩을 먹는 사람은 없었다는 것이죠. 만약 콩을 먹는 사람이 있다면 피타고라스학파의 울타리를 열고 누군가 다른 사람이 들어왔다는 뜻입니다.

어떤 집합이 연산에 대하여 닫혀 있다는 것은 바로 그 집합의 연산에 대한 결과가 그 집합 안에 존재한다는 의미입니다. 마치 피타고라스학파 울타리 안에 있는 사람들이 콩을 먹지 않듯이 말입니다. 하지만 콩을 먹는 사람이 있다는 것은 울타리를 열고 누군가 들어왔다는 것이죠. 마찬가지로 해당 연산에 대하여 그 집합이 닫혀 있지 않다는 것은 연산의 결과가 그 집합의 원소가 아니라는 이야기입니다.

다른 수 집합의 경우에 대하여도 생각해 볼까요? 정수 전체집합 Z는 덧셈, 곱셈, 뺄셈에 대하여 닫혀 있습니다. 유리수 전체집합을 Q라고 하면 어떨까요? 어떤 연산에 대하여 닫혀 있을까요?

"덧셈, 뺄셈, 곱셈, 나눗셈 모두에 대하여 닫혀 있죠, 맞죠?"

맞습니다. 그럼 유리수를 포함하는 실수를 집합의 개념으로 생각해 봅시다. 실수 전체집합을 R이라고 한다면, 집합 R은 사칙 연산에 대하여 닫혀 있다는 것을 알 수 있어요.

이처럼 '닫혀 있다'라는 용어의 의미는 그만큼 주어진 연산에 대하여 자유롭다는 것을 기억하기 바랍니다. 여기서 연산이라는 것은 우리가 지금까지 익숙하게 하고 있는 사칙 연산만을 말하는 것은 아닙니다. 더 자세한 내용은 조금 이따가 하는 것으로 하고 '닫혀 있다'라는 의미를 연산에 대한 기본 성질에 대하여도 알아보기로 합시다.

실수 연산에 대한 기본 성질을 알고 있나요?

실수 전체의 집합 R은 덧셈, 뺄셈, 곱셈, 나눗셈0으로 나누는 것은 제외에 대하여 닫혀 있다고 앞에서 이야기했죠? 그럼 여기 집합

R이 있을 때, 그 안에 들어가는 원소에는 어떤 것이 있는지 그냥 생각나는 대로 이야기해 볼까요?

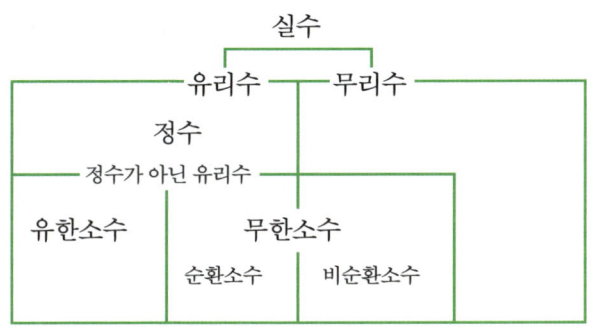

실수 집합에는 자연수, 정수, 유리수 그리고 무리수도 포함되어 있어요. 이와 같은 실수 집합의 연산이나 수들 간의 연산에는 어떤 법칙이 있을까요?

일반적으로 세 가지 법칙을 이야기합니다. 첫 번째는 교환법칙交換法則, commutative law 입니다. 두 수나 두 집합의 연산에 대한 법칙입니다. 구체적인 예를 들어 생각해 볼까요? 4+6=6+4, 4×6=6×4와 같이 순서를 바꿔서 더하거나 곱하여도 그 답이 같다는 것을 알 수 있겠죠? 이와 같이, 수나 식의 계산에서 계산 순서를 바꾸어 계산하는 법칙을 말하는 것입니다. 수 또는 식의 계산에서 계산의 순서를 바꾸어 계산하여도 그 결과가 같을 때, 그 계산은 교환법칙이 성립한다고 하는 것입니다. 덧셈의 교환법칙 $a+b=b+a$와 곱셈의 교환법칙 $a\times b=b\times a$가 있습니다. 즉, a에 b를 또는 b에 a를 더하거나 곱해도 계산의 결과는 변하지 않습니다. 이러한 교환법칙은 자연수나 실수뿐만 아니라 집합에서도 적용됩니다. $x\cup y=y\cup x$, $x\cap y=y\cap x$와 같이 말입니다.

두 번째는 결합법칙結合法則, associative law입니다. 일반적으로 세 수를 더할 때 우리는 순서를 생각하지 않고 더합니다. 그 이유는 세 수를 더할 때, 어떻게 더하여도 그 답은 모두 같다는 것을 알고 있기 때문입니다. 구체적인 예를 곱셈과 덧셈에 대하여 들어 볼까요? $(6+8)+2=6+(8+2)$나 $(3\times 4)\times 2=3\times(4\times 2)$도 성립한다는 것을 직접 계산해 보지 않아도 알 수 있을 것입니다. 이와 같이 수와 식의 계산에서 순서를 바꾸어 계산해도 그 결과가 같다는 법칙을 말하는 것입니다. 정수·유리수·실수의 집합에서는 연산 $+$, $\times$의 어느 것에 대하여도 결합법칙을 만족합니다. 집합의 연산 $\cup$ 및 $\cap$도 결합법칙을 만족합니다. $A\cup(B\cup C)=(A\cup B)\cup C$, $A\cap(B\cap C)=(A\cap B)\cap C$와 같이 말입니다.

마지막으로 **분배법칙**分配法則, distributive law에 대하여 이야기하겠습니다. 분배법칙은 2개의 연산을 분배한 값이 성립하는 법칙을 말합니다. 이를테면, $2 \times (5+4) = 2 \times 5 + 2 \times 4$, $(5+4) \times 2 = 5 \times 2 + 4 \times 2$가 성립한다는 것을 알 수 있겠죠? 하나하나 분배하는 것 같죠? 이와 같은 분배법칙도 덧셈과 곱셈에 대하여 성립된다는 것을 알 수 있을 것입니다. 또한 집합의 연산 ∩과 ∪에 관해서도 $A \cap (B \cup C) = (A \cap B) \cup (A \cap C)$와 $A \cup (B \cap C) = (A \cup B) \cap (A \cup C)$와 같은 분배법칙이 성립합니다.

여기서 '성립한다'라는 말의 의미는 그 법칙을 적용한 후에도 계산 결과가 같다는 의미라고 생각하면 됩니다. 지금은 몇몇 숫자를 대입하여 법칙의 성립 유무를 알아보았지만, 사실 자연수나 정수, 유리수 그리고 실수까지 덧셈과 곱셈에 대하여 교환과 결합 그리고 분배법칙이 성립된다는 것을 여러분은 상상할 수 있을 것입니다. 하지만 수학에서는 '확실한 증거'를 요구합니다. 그래서 증명이라는 과정이 필요한 것이랍니다. 그러나 지금은 그 과정을 생략하고 여러분이 이해하는 선까지를 목표로 하겠습니다.

실수의 기본 성질을 문자식으로 표현하면, 실수 집합에 속하는 원소 a, b, c가 있다고 합시다. 여기서 a, b, c는 여러분이 상상하는 어떤 실수도 가능합니다. 예를 들어, a를 3이라고 생각하고 b를 $\sqrt{5}$ 그리고 c는 (-9)라고 생각해도 됩니다. 어떤 실수도 가능합니다. 그런 것을 '임의任意의 수'라고 합니다. 임의는 '일정한 기준이나 원칙 없이 하고 싶은 대로 함'이나 '대상이나 장소 따위를 일정하게 정하지 아니함'입니다. 따라서 실수에 속하는 임의의 수 a라고 하면, 그 a는 정해지지 않고 정하고 싶은 수라고 생각하면 됩니다.

그러한 임의의 세 수에 대하여 순서를 다르게 더하거나 곱하여도 그 결과는 같다는 교환법칙, 그리고 먼저 어떤 두 수를 더하고 나중에 남은 수를 더하여도 그리고 먼저 어떤 두 수를 먼저 곱하고 나중에 다른 수를 곱하는가에 상관없이 그 결과는 항상 같다는 결합법칙, 마지막으로 임의의 두 수를 먼저 더한 후에 어떤 수를 곱한 것과 각각 임의의 두 수에 어떤 수를 곱한 다음에 그 곱한 값들을 더한 것이 같다는 분배법칙이 성립한다는 것입니다.

여러분은 숫자를 가지고 계산을 했던 경험으로 이 법칙들이 숫자에 한해서만 성립한다고는 생각하지 않을 것입니다. 이러한 법칙이 보다 일반적으로 성립된다는 것을 우리가 직접 확인할 수 있는 방법으로는 어떤 것이 있을까요? 그것은 바로 문자의 사용입니다. 다음 시간에는 숫자 계산의 경험을 바탕으로 보다 발전적인 관점을 제안할 수 있는 대수적 관점에서 공부해 보기로 하겠습니다.

우선, 그 내용을 미리 보면 다음과 같이 정리할 수 있습니다. 실수 a, b, c에 대하여 교환·결합·분배법칙이 덧셈과 곱셈에 대하여 성립하는 내용입니다. 잘 살펴보고 꼭 머릿속에 기억해 두세요.

이해하기

실수 a, b, c의 덧셈, 곱셈에 대한 교환·결합·분배법칙

(1) 교환법칙 : $a+b=b+a$, $ab=ba$

(2) 결합법칙 : $(a+b)+c=a+(b+c)$, $(ab)c=a(bc)$

(3) 분배법칙 : $a(b+c)=ab+ac$ 또는 $(a+b)c=ac+bc$

항등원과 역원은 무엇인가요?

시를 하나 읽어 주겠습니다. 제목은 〈거울〉입니다.

거울 속에는 소리가 없소

저렇게까지 조용한 세상은 참 없을 것이오

거울 속에도 내게 귀가 있소

내 말을 못 알아듣는 딱한 귀가 두 개나 있소

거울 속의 나는 왼손잡이오

내 악수를 받을 줄 모르는— 악수를 모르는 왼손잡이오

거울 때문에 나는 거울 속의 나를 만져 보지를 못하는구료마는

거울이 아니었던들 내가 어찌 거울 속의 나를 만나 보기만이라도 했겠소

나는 지금 거울을 안 가졌소마는 거울 속에는 늘 거울 속의 내가 있소

잘은 모르지만 외로된 사업에 골몰할게요

거울 속의 나는 참 나와는 반대요마는 또 꽤 닮았소

나는 거울 속의 나를 근심하고 진찰할 수 없으니 퍽 섭섭하오

수학을 공부하다가 만나는 시가 어떠세요? 이 시는 1900년대 초의 시인이자 소설가인 이상 李箱, 1910~1937 의 〈거울〉이라는 시입니다. 이 시에서 거울은 자신을 성찰하는 하나의 방법입니다. 거울을 통하여 시인은 일상에 매몰된 채 망각한 '나'의 본연의 모습을 보고 있습니다. "거울이 아니었던들 내가 어찌 거울 속의 나를 만나 보기만이라도 했겠소."는 자기 성찰의 기회가

없이 자아의 탐구가 불가능하다는 것을 말하는 것이랍니다. 여러분은 거울을 보면 누가 비치나요? 아마 자기 자신일 것입니다. 《백설 공주》에 나오는 계모의 거울은 다르죠? 거울에게 질문했으니까요. 이 세상에서 가장 아름다운 사람을 보여 달라고 했는데 계모인 왕비가 아니라, 백설 공주였죠. 하지만 우리가 보는 거울에는 항상 우리가 보입니다. 이런 거울과 같은 대상을 수학적 연산에서 생각할 수 있을까요? 어떤 원소에 더하여도 그 원소가 그대로 나오고 곱하여도 그 원소가 그대로 나오는 그런 거울과 같은 대상 말입니다.

이와 같은 대상을 수학적 연산에서는 항등원恒等元, identity element이라고 합니다. 항등원은 집합에서 모든 원소와 이항연산을 한 결과가 항상 다시 그 원소로 나타나는 원소를 뜻합니다. 여기서 이항연산二項演算이란, 2개의 연산자와 1개의 피 연산자를 가지는 연산을 말합니다. 대표적인 예로 덧셈, 뺄셈, 곱셈, 나눗셈과 같은 산술의 연산, 즉 사칙 연산이 있습니다. 덧셈의 경우에 2+3은 2개의 연산자인 2와 3 그리고 1개의 피연산자는 그 결과인 5_{2+3}를 가지는 연산을 말하는 것입니다. 항등원을 뜻하는 'e'는 단위원unity을 나타내는 독일어 'Einheit'에서

유래했다고 합니다.

자연수에서 덧셈에 대한 항등원을 찾고자 한다면 어떻게 해야 할까요?

자연수 3에 대하여 생각해 볼까요? 3에 어떤 수를 더하거나 그 어떤 수에 3을 더해도 항상 3이 나오는 수가 바로 덧셈에 대한 3의 항등원입니다. 우리는 이미 알았습니다. 식으로 표현하면, $3+0=0+3=3$으로 덧셈에 대한 3의 항등원은 0이네요. 하지만 자연수 3에 대하여만 그런가요? $5, -9, \sqrt{7}, 0.45678……$에 대해서도 어떤 실수든지 0을 더하면 바로 그 실수가 나옵니다. 그러면 0은 덧셈에 대하여 실수에 대한 항등원도 된다는 것을 알 수 있을 것입니다.

자연수에서 곱셈에 대한 항등원은 어떤 수일까요?

덧셈과 마찬가지로 곱셈의 경우도 생각하면 되겠죠? 이번에는 8로 해 볼까요? 8에 어떤 수를 곱하거나 그 어떤 수에 8을 곱하여도 항상 8이 나오는 수가 바로 곱셈에 대한 8의 항등원입니다. $8 \times 1 = 1 \times 8 = 1$이므로 곱셈에 대한 8의 항등원은 1입니다. 그럼 8에 대하여만 그럴까요? 어떤 실수든지 그 수에 1을 곱하거나 1에 그 수를 곱하여도 그 답은 항상 처음의 그 실수가 나온다는 것은 구구단을 외우는 친구는 모두 알 수 있을 것입니다. 따라서 1은 곱셈에 대하여 실수에 대한 항등원이 된다는 것을 알 수 있을 것입니다.

이번에는 자기 자신에 어떤 임의의 원소를 이항연산 하면 항상 항등원이 나오게 하는 대상은 무엇인지에 대하여 생각해 볼까요? 그것은 역원逆元, inverse element 이라는 것입니다.

실수를 전체집합으로 해서 덧셈과 곱셈에 대한 역원을 찾아볼까요?

실수 집합에 속하는 어떤 수를 한번 생각해 보세요! 7로 해볼까요? 먼저 덧셈에 대한 역원을 찾아봅시다. 7에 어떤 수를 더하거나, 그 어떤 수에 7을 더해도 항상 덧셈에 대한 항등원인 0을 나오게 하는 수는 무엇일까요? 역원을 x로 해서 식을 세워 볼까요?

$7+x=x+7=0$이 되는 x는 무엇이죠? x는 -7입니다. 7 이외에 $\sqrt{5}$나 -9, 4에 대한 덧셈의 역원은 무엇일까요? 여러분은

이미 알고 있나요? $\sqrt{5}$의 덧셈에 대한 역원은 $-\sqrt{5}$이고, -9의 덧셈에 대한 역원은 9 그리고 4의 덧셈에 대한 역원은 -4라는 것을 알 수 있습니다. 곱셈에 대하여도 구할 수 있나요? 하나만 해 볼까요? 9에 대하여 해 보죠! 9에 어떤 수를 곱하거나 그 어떤 수에 9를 곱하여도 항상 곱셈에 대한 항등원인 1이 나오게 하는 9의 역원을 식으로 표현하면 다음과 같아요.

우선 9의 역원을 x로 하고 식을 세우면 $x \times 9 = 9 \times x = 1$이므로 x는 $\frac{1}{9}$입니다. 다른 실수에 대하여도 곱셈에 대한 역원이 그 실수의 역수逆數, inverse number라는 것을 알 수 있을 것입니다.

지금까지 우리가 알고 있는 수의 체계와 그 체계 안에서 성립하는 성질과 연산에 대하여, 직접 수를 대입하여 산술적인 관점에서 알아보았습니다. 즉, 여러분은 직접 수를 대입하여 어떤 성질을 상상했을 것입니다. 그렇다면 이러한 상상을 우리 눈에 보이게 하는 방법은 없을까요? 있습니다. 그것이 바로 문자를 적용한 대수의 세계입니다. 따라서 다음 시간에는 여러분이 어렵다고 생각하는 문자와 다른 연산 체계에 대해 알아보고자 합니다.

수업정리

❶ 수의 체계

```
실수 ┬ 유리수 ┬ 정수 ┬ 양의 정수(자연수) : 1, 2, 3, ……
     │        │      ├ 0
     │        │      └ 음의 정수 : -1, -2, -3, ……
     │        └ 정수가 아닌 유리수 ┬ 유한소수 : 0.1, 0.05, ……
     │                              └ 순환소수 : 0.88……, 0.2525……
     └ 무리수 : 순환하지 않는 무한소수 : $\sqrt{2}, \sqrt{3}, \pi,$ ……
```

❷ 연산에 대하여 '닫혀 있다'와 '닫혀 있지 않다'의 의미

공집합이 아닌 집합 S의 임의의 두 원소 a, b에 대하여 '어떤 연산을 한 결과가 다시 그 집합 S의 한 원소가 될 때'를 그 연산에 대하여 '닫혀 있다'고 합니다. 반대로 두 원소 a, b에 대하여 '어떤 연산을 한 결과가 그 집합 S의 한 원소가 되지 않을 때'는 그 연산에 대하여 '닫혀 있지 않다'고 합니다.

❸ 실수의 연산에 대한 기본 성질

실수 a, b, c에 대하여 다음과 같은 교환·결합·분배법칙이 덧셈과 곱셈에 대하여 성립합니다.

(1) 교환법칙 : $a+b=b+a$, $ab=ba$

(2) 결합법칙 : $(a+b)+c=a+(b+c)$, $(ab)c=a(bc)$

(3) 분배법칙 : $a(b+c)=ab+ac$ 또는 $(a+b)c=ac+bc$

3교시

대수적 구조

수학에서 문자의 역할과 의미에 대해 알아봅니다.

수업 목표

1. 문자의 역할과 의미를 이해합니다.
2. 실수의 사칙 연산을 문자를 사용하여 표현할 수 있습니다.
3. 실수의 기본연산을 문자를 사용하여 표현할 수 있습니다.

미리 알면 좋아요

1. **명제** 명제는 그 내용이 참인지 거짓인지에 대한 구별이 가능한 임의의 문장을 말합니다. 예를 들면 '겨울은 계절이다.', '4는 소수이다.'와 같이 처음 문장은 참이고, 두 번째 문장은 거짓임을 판단할 수 있는 임의의 문장을 말하는 것입니다.

2. **정의와 공리** 정의定義, definition는 기호에 대하여 그 수학적 의미를 규정한 것입니다. 즉, 논의의 대상을 보편적인 것으로 하기 위해 사용되는 용어 또는 기호의 의미를 확실하게 규정한 문장이나 식을 그 용어의 정의라고 합니다. 그리고 공리公理, axiom는 하나의 이론에서 증명 없이 바르다고 하는 명제, 즉 조건 없이 전제된 명제입니다. 수학에서는 '이론의 기초로서 가정한 명제'를 그 이론의 공리라고 합니다.

3. **순서쌍** A의 원소 a와 B의 원소 b를 취해, 순서를 생각해서 만든 a와 b의 쌍 (a, b)입니다. 순서쌍에서는 일반적으로 $(a, b) \neq (b, a)$이며, $(a, b) = (c, d)$이면 $a=c$, $b=d$라는 성질이 기본이 됩니다.

4. **대응** 두 집합 A와 B가 주어졌을 때, A의 원소에 대하여 B가 정해질 때 A에서 B로 대응한다고 합니다.

갈루아의
세 번째 수업

 지금까지 집합이나 수의 체계에서 성립되는 연산이나 성질에 대해 알아보았습니다. 이번 시간에는 보다 일반적인 관점에서 문자를 사용하여 그 성질과 연산에 대해 알아보고자 합니다. 이를 위해서 먼저 여러분은 수학에서 사용하는 문자에 대해 한번 정리해 볼 필요가 있습니다. 왜냐하면 수학에서는 문자를 사용함으로써 개념 이해와 식의 계산에 편의를 돕는 경우가 종종 있기 때문입니다.

수학에서 사용하는 문자란 무엇인가?

내가 설명하는 것이 무엇인지 생각해 보세요.

'이것은 아주 커다랗습니다. 바다에서 살고 있지만, 어류가 아닙니다. 그것은 포유류입니다.'

내가 여기까지 설명했을 때, 여러분은 내가 설명하는 조건을 만족하는 동물을 기억 속에서 찾아내려고 하겠죠? 그 동물은 이미 어떤 것인지 마음속에 정해져 있고, 그 동물을 여러분은 찾아내려고 하는 것입니다. 이와 같이 수학에서도 이미 정해진 대상을 우리가 주어진 조건을 만족하는 조건에서 찾고자 하는 것을 미지수라고 하며, 특정 문자로 표현합니다. 미지수는 문장이나 그림으로 주어진 상황에서 모르는 어떤 수를 식으로 나타낼 때 사용됩니다. 초등학교에서는 주로 □ 그리고 중학교부터는 x나 y로 표현합니다. 하지만 x나 y로 표현되는 문자가 단지 미지수만을 나타낼까요?

초등학교 저학년에서는 문장이나 그림으로 주어진 상황에서 어떤 수(모르는 수)를 □, △, ○, ( ) 등의 기호로 나타냅니다. 즉, 이러한 미지수를 이용하여 그 수를 구할 수 있게 됩니다. 덧셈, 뺄셈, 곱셈이나 나눗셈의 관계를 이용하여 구하고자 하는 어떤 수를 구하는 식을 만들 수 있는 것입니다. 초등학교 고학년부터는 어떤 수를 x로 표현하게 됩니다. 이러한 문자 표현은 보다 높은 단계의 수학을 위함입니다. 미지수는 단지 x나 y뿐만 아니라 z, h, p, a, e 등 다양하게 표현합니다.

방정식 외에도 관계나 규칙을 일반적으로 나타내기 위하여 문자를 사용합니다. 즉, 초등학교 저학년 때는 $\frac{\square}{\triangle} \div \frac{\bigcirc}{\stackrel{}{\bigcirc}} = \frac{\square}{\triangle} \times \frac{\stackrel{}{\bigtriangleup}}{\bigcirc}$과 같이 나타냈던 관계식을 x나 y를 이용하여 $\frac{y}{x} \div \frac{t}{s} =$

$\frac{y}{x} \times \frac{s}{t}$로 나타내게 됩니다. 그리고 이러한 관계식에 대한 이해는 정비례나 반비례$y=ax, y=\frac{a}{x}, a$는 비례상수에 대한 학습으로 확장되며, 함수 개념으로 발전되게 됩니다.

이와 같이 여러분은 보다 어려운 수학적 개념을 학습하기 위해 수 사이의 관계식을 □, △, ○, ☆을 사용하여 나타낼 수 있어야 하고, 그다음에는 문자 x, t, y 등을 이용하여 나타낼 수 있어야 합니다.

이처럼 수학에서 중요한 역할을 하는 문자는 단지 함수에서의 '변하는 수'이거나 여러 가지 수를 대입할 수 있는 기호, 모르는 수라고 생각을 하지만 그 의미는 다양하답니다. 수, 도형의 꼭짓점이나 좌표에서의 점, 참과 거짓을 판단할 수 있는 명제에서의 조건이나 연산, 관계에서 문자변수는 항상 수만을 나타내는 것이 아니고 변수가 항상 문자로 표현되는 것도 아닙니다. 그리고 수학에서 사용되는 문자가 항상 변수가 되는 것도 아니라는 사실을 기억해야 합니다.

하지만 원주율을 나타내는 π나 복소수의 허수단위 i와 같은 문자는 편리한 축약형으로 사용되어 수를 나타내는 것으로 국

한되기도 하죠. 그렇다면 여기서 기억할 것은 문자가 수나 문장 그리고 다른 대상을 나타낼 수 있다는 것뿐만 아니라 그러한 문자 대신 수를 넣거나 다른 수학적 대상을 대입하여 생각할 수 있어야 한다는 사실입니다.

수뿐만 아니라 문자와 기호를 포함하는 대수 학습의 기본이 되는 문자와 식은 수학적 의사소통에 필수적인 언어이자 추상화 단계에서 개념을 조작하고 적용할 수 있는 수단이 됩니다.

이와 같은 문자에 대한 학습은 연속적으로 나열된 구체적인 대상들에서 규칙을 찾아서 개념이나 법칙을 만드는 일반화와 통찰을 용이하게 합니다. 그러한 규칙에 대한 생각을 눈으로 확인할 수 있게 하는 표현이 문자나 기호를 사용한 식입니다. 문자를 사용한 식의 구성은 문제 해결을 위한 근원이라고 볼 수 있습니다.

문자를 사용한 수학적 학문이 바로 산술과 구분되는 대수학 代數學, algebra 입니다. 대수학은 수학의 한 분야로 수 대신 문자를 써서 문제 해결을 쉽게 하고, 또 수학적 법칙을 또 간결하게 나타내는 것을 뜻하는 것입니다.

지금까지는 대수학에서 다뤄지는 대수적 구조를 설명하기

위하여 문자의 중요성과 그 의미에 대하여 설명하였습니다. 이제부터는 대수적 구조 그 자체에 대하여 설명을 하겠습니다.

대수적 구조란 무엇인가?

우리가 초등학교에서 처음 연산을 배울 때 만난 것은 덧셈과 뺄셈 그리고 곱셈과 나눗셈입니다. 하지만 이러한 연산 가운데 자연수 전체집합에서 항상 예외 없이 자유롭게 계산할 수 있는 연산은 덧셈과 곱셈이었습니다. 특히 나눗셈의 경우는 실수 전체집합에서도 0으로 나눌 수는 없습니다. 예를 들면, $\frac{4}{0}$는 정의되지 않기 때문입니다. 이와 같이 양의 정수인 자연수의 집합에서 시행되는 덧셈과 곱셈은 모두 이항연산입니다. 그리고 덧셈과 곱셈에 대하여 지난 시간에 설명하였던 기본적인 성질인 교환·결합·분배법칙이 성립합니다.

19세기 초에는 대수학이 단순히 기호화된 산술로만 여겨졌습니다. 즉, 산술이라는 것은 특정한 수를 조작하는 것인데 19세기 초부터는 수 대신에 문자를 사용하기 시작하였으며 그 수준은 단순한 산술적 수 조작을 대신한 문자 사용이었음을 말하는 것입니다. 그러므로 위의 성질이 자연수의 대수학에서 항상 성립하기 때문에 어떠한 적절한 정의를 제시하면 자연수에서뿐만 아니라 정수나 유리수, 실수 등과 같은 다른 전체집합에서도 성립한다는 것을 상상할 수 있을 것입니다. 문자의 사용에 대한 의미가 바로 여기에 있으며 대수적 구조의 중요성도 여기서 시작된다고 볼 수 있을 것입니다.

수들 사이에서 성립하는 등식의 성질을 기억하나요? 그 이전에 '상등의 공리'라는 것을 먼저 이야기합시다. 실수 a, b, c가 있을 때 다음과 같은 법칙을 만족하며 이러한 법칙을 상등의 공리라고 합니다.

쏙쏙 이해하기

실수 a, b, c의 상등의 공리

(1) 반사율 : $a=a$
(2) 대칭율 : $a=b$이면 $b=a$
(3) 추이율 : $a=b, b=c$이면 $a=c$

위의 법칙은 a, b, c에 어떠한 수를 대입하여도 성립함을 알 수 있어요. 이러한 법칙을 바탕으로 등식의 성질로 $a=b$일 때, $a+c=b+c, ac=bc, \dfrac{a}{c}=\dfrac{b}{c}$(단, $c \neq 0$)가 성립함을 증명할 수 있는 것입니다. 이러한 등식의 성질은 여러분이 학교에서 양팔저울을 사용하여 물리적으로 경험했을 수 있습니다. 평형을 이루는 양팔저울에 같은 무게를 더하거나 빼도 그리고 같은 배수로 늘리거나 줄여도 그 평형은 깨지지 않는다는 것을 말입니다.

 이러한 대수의 법칙이나 성질은 산술에서의 수에 대한 계산 경험을 통하여 얻은 명제라고 볼 수 있습니다. 지난 시간에도 언급했던 사실이지만, $6+2=8, 2+6=8, 7+2=9, 2+7=9, 8+5=13, 5+8=13$과 같은 계산 경험을 통해 어떤 상상을 하게 되나요? 아마도 단지 위의 6개의 계산 결과에 대한 한정된 내용이 아닐 거라는 상상일 것입니다. 즉, $2+6$이 $6+2$와 같다는 것이 단지 2와 6에 한하여 한정된 성질이라고는 생각하지 않으리라는 것이죠. 그 내용이 어느 숫자들에 한정된 것이 아니라 어떤 숫자를 그 자리에 놓아도 항상 성립한다는 것을 알게 된다는 것입니다. 그러므로 여러분은 $a+b=b+a$라는 교환법칙이라는 대수적 형식을 내가 설명하기 이전부터 생각하고, 이해하고 있었을 것이라고 생각합니다.

지난 시간에 공부했던 항등원과 역원의 대수적 구조에서 다시 생각해 볼까요?

a의 덧셈에 대한 역원은 $-a$입니다. a에 $-a$를 더하거나 $-a$에 a를 더하여도 덧셈에 대한 항등원인 0이 나오기 때문입니다. 이러한 공리를 설명하기 위해서 우리가 알고 있어야 하는 규칙이나 기억해야 하는 공리가 있습니다. 한번 나열해 볼까요?

$a+b=b+a$	교환법칙
$a+(b+c)=(a+b)+c$	결합법칙
$a+0=0+a$	덧셈 항등원 0의 성질
$a+(-a)=0$	덧셈 역원의 성질

이러한 공리로부터 덧셈과 뺄셈에 대한 성질이나 다른 명제를 증명할 수 있게 되는 것입니다. 그리고 나아가 일반적인 연산에 대하여 생각할 수 있게 됩니다.

일반적인 연산이라는 것은 무엇인가?

두 정수 6, 3 사이의 사칙 연산을 해 볼까요? $6+2=8$, $6-2=4$, $6 \times 2=12$, $6 \div 2=3$과 같은 연산을 보면 순서쌍 (6, 2)를 이렇게 정의할 수 있을 것입니다.

덧셈에서는 (6, 2) → 8, 뺄셈에서는 (6, 2) → 4, 곱셈은 (6, 2) → 12, 나눗셈에서는 (6, 2) → 3으로 대응시키는 것이라고 볼 수 있습니다.

중요한 것은 (6, 2) → 8과 같은 대응을 반드시 +, −, ×, ÷의 의미로 국한해 생각해야 하는 것은 아니라는 겁니다. 즉, 새로운 기호를 사용하여 나타내는 것을 약속할 수도 있다는 것입니다. 그러면 어떻게 나타낼 수 있을까요? 예를 들면 (6, 2) → 8의 대응을 $6 * 2 = 6 + 2 = 8$로 정의할 수 있습니다. 하지만 기억해야 하는 것은 사칙 연산이 아닌 다른 연산 * 등과 같은 기호에 대하여는 반드시 정의가 있어야 한다는 것입니다. 예를 들면, $a*b=20(a+b)$로 정의해야 한다는 것입니다. 연산 $*$을 대응으로 설명하자면 $(a, b) \rightarrow 20(a+b)$가 되는 것이죠. 두 수에 대하여 연산 $*$는 두 수를 더하고 그 더한 수에 20을 곱하라는 것입니다. 따라서 일반 연산에 대한 정의를 다음과 같이 할 수 있습니다.

쏙쏙 이해하기

> 집합 G 의 2개의 원소 a, b의 순서쌍 (a, b)에 대응하는 G의 원소 c가 하나 정해질 때, 이와 같은 대응을 집합 G의 이항연산 또는 간단한 연산이라 하고 기호 $*$ 등을 써서 $a*b=c$ 등으로 나타낸다.
>
> 연산 $*$이 정의되어 있는 집합 G의 원소 a, b에 대하여 $a \in G, b \in G$이면 $a*b \in G$일 때, 집합 G는 연산 $*$에 대하여 닫혀 있다고 한다.

일반적인 연산 기호는 다양하게 정할 수 있습니다. $*, \circ, \odot$, ★, ◎, ?, ◐ 등 여러 가지 기호를 정하여 사용할 수 있습니다.

지난 시간에 덧셈과 곱셈에 대한 항등원과 역원에 대하여 공부한 바 있습니다. 이러한 성질을 문자를 사용하여 일반화하면 어떨까요? 전체집합을 자연수라고 제한하여 생각하지 말고, 연산도 곱셈이나 덧셈으로 제한하지 않고 보다 일반적인 관점에서 생각해 보면 어떨까요?

덧셈과 곱셈에 대하여 일반화하면 다음과 같이 정리할 수 있을 것입니다. 집합 G가 실수의 집합일 때, 임의의 실수 a에 대하여 $a+0=0+a=a$, $a\times1=1\times a=a$이므로 덧셈+에 대한 항등원은 0이고, 곱셈×에 대한 항등원은 1이 됩니다.

그리고 일반적으로 정리하면 다음과 같습니다. 집합 G의 임의의 두 원소 a, b에 대하여 어떤 연산의 결과가 항상 G의 원소일 때, 집합 G는 그 연산에 대하여 닫혀 있다고 했습니다. 집합 G가 어떤 연산 *이항연산에 대하여 닫혀 있을 때, G의 임의의 원소 a에 대하여 $a*e=e*a=a$를 만족시키는 원소 $e_{e\in S}$가 유일하게 존재할 때, e를 연산 *에 대한 항등원이라고 할 수 있습니다. 그리고 여기서 기억해야 하는 것은 항등원에 대한 정의입니다.

> 임의의 원소 a에 대하여 $a*e=e*a=a$를 만족시키는 원소 $e_{e\in S}$가 유일하게 존재할 때, e를 연산 *에 대한 항등원이라고 한다.

역원에 대하여도 우선 덧셈과 곱셈에 대하여 정리하면 어떻게 될까요? G에서 닫혀 있는 연산이 덧셈일 때는 a의 역원은 $-a$ ~~$a+x=x+a=0$을 만족시키는 x는 $-a$~~ 입니다. 그리고 집합 G가 곱셈에 대하여 닫혀 있는 경우, 곱셈에 대하여 $a(\neq 0)$의 역원은 $\frac{1}{a}$ ~~$a \times x = x \times a = 1$을 만족시키는 x는 $\frac{1}{a}$~~ 이 됩니다. 따라서 역수란, 0이 아닌 어떤 수 a에 대하여 1을 그 수로 나눈 수 $\frac{1}{a}$을 a의 역수라 하는데, 이것이 존재한다는 것은 곱셈의 역산으로서의 나눗셈이 가능하다는 것을 말하는 것으로, 어떤 수 a로 나누는 것은 역수 $\frac{1}{a}$을 곱하는 것과 같습니다.

이와 같은 역원에 대한 성질을 보다 일반적인 관점으로 정리하기 위해서는 문자를 사용해서 설명해야겠죠? 덧셈이나 곱셈으로 제한하지 않고 일반적인 이항연산에 대하여 설명하면 다음과 같을 수 있습니다.

집합 G에서 연산 @~~이항연산~~에 대하여 닫혀 있고, $e \in G$가 연산 @에 대한 항등원일 때, G의 한 원소 a에 대하여 $a@x = x@a = e$ ~~e는 단위원~~를 만족시키는 $x \in G$를 연산 @에 대한 a의 역원이라고 말합니다.

다음 내용을 꼭 기억해 두세요.

> e가 연산 ∗에 대한 항등원일 때, 임의의 원소 a에 대하여 $a*x=x*a=e$를 만족시키는 $x \in G$를 연산 ∗에 대한 a의 역원이라고 한다.

자! 이번에는 우리가 하나의 이항연산을 정해서 알아볼까요? 그럼, 실수 집합에 대하여 연산 ∗가 닫혀 있을 때, 항등원을 찾아봅시다. 연산 ∗는 다음과 같아요.

$$a*b=(a+1)(b+1)-1$$

여기서 우리가 구하고자 하는 항등원을 e라고 하고 한번 찾아볼까요? 그러면, 임의의 a, b는 실수에 속하고 $a*e=a$를 만족시키는 e를 a의 항등원이라고 합니다.

연산 ∗를 $a*b=(a+1)(b+1)-1$로 정의할 때, 연산 ∗에 대한 항등원은 무엇인가?

$a*e=a$를 만족시키는 e를 a의 항등원이라고 했습니다. 이것을 식으로 나타내면 다음과 같습니다.

$$a*e=a$$
$$a*e=(a+1)(e+1)-1=ae+a+e+1-1$$
$$=ae+a+e=a$$

$$ae+e=a-a$$
$$ae+e=0$$
$$e(a+1)=0$$

여기서 a는 임의의 실수입니다. 따라서 $e(a+1)=0$을 만족시키기 위해서는, 항등원 $e=0$이어야 합니다. 단, a는 (-1)이 되어서는 안 됩니다. 따라서 (-1)에 대한 항등원은 존재하지 않는다는 것입니다. 한번 확인해 볼까요? 만일 (-1)에 대한 항등원이 존재한다면, $(-1)*e=(-1)$이 되겠죠? 그러면 $(-1)*e=(-1)$을 만족하는 $*$에 대한 (-1)의 항등원 e는 $(-1)*e=(-1+1)(e+1)-1=0-1=-1$이 되어서, 항등원 e는 존재하지 않게 됩니다. 따라서 임의의 원소인 a가 (-1)이 될 수는 없다는 것입니다.

이제는 여러분도 일반 연산이나 그 약속에 의하여 항등원이나 역원을 찾을 수 있을 것입니다. 눈으로 확인할 수 있고 직접 상상할 수 있는 수뿐만 아니라, 문자를 사용해서도 보다 자유롭게 그 구조를 구성할 수 있게 될 것입니다. 이와 같은 여러분의 발전이 바로 수학 역사의 발전을 설명하는 것이라고 생각되지 않습니까?

수업정리

❶ 이항연산과 '닫혀 있다'

이항연산은 집합 G의 2개의 원소 a, b의 순서쌍 (a, b)에 대응하는 G의 원소 c 하나가 정해질 때, 이와 같은 대응을 말하는 것이며, 집합 G의 이항연산 또는 간단한 연산이라 하고 기호 $*$ 등을 써서 $a*b=c$ 등으로 나타냅니다. '닫혀 있다'의 의미는 연산 $*$이 정의되어 있는 집합 G의 원소 a, b에 대하여 $a \in G$, $b \in G$이면 $a*b \in G$일 때, 집합 G는 연산 $*$에 대하여 닫혀 있다고 합니다.

❷ 실수의 연산에 대한 기본 성질

실수 a, b, c에 대하여 다음과 같은 교환, 결합, 분배법칙이 덧셈과 곱셈에 대하여 성립합니다.

(1) 교환법칙 : $a+b=b+a$, $ab=ba$

(2) 결합법칙 : $(a+b)+c=a+(b+c)$, $(ab)c=a(bc)$

(3) 분배법칙 : $a(b+c)=ab+ac$ 또는 $(a+b)c=ac+bc$

❸ 항등원과 역원

집합 G가 어떤 연산 *이항연산에 대하여 닫혀 있을 때, G의 임의의 원소 a에 대하여 $a*e=e*a=a$를 만족시키는 원소 e $e \in S$가 유일하게 존재할 때, e를 연산 *에 대한 항등원이라고 합니다. 그리고 G의 한 원소 a에 대하여 $a*x=x*a=e$ e는 단위원를 만족시키는 $x \in G$를 연산 *에 대한 a의 역원이라고 합니다.

4교시

군

본격적으로 군론에 대해 알아봅니다.

수업 목표

1. 군과 부분군의 개념을 이해합니다.
2. 중고등학교에서 학습하는 방정식과 실수에 대한 군의 의미를 이해합니다.
3. 연산의 일반적인 의미를 이해합니다.
4. 항등원과 역원이 연산에 따라 다르다는 것을 이해합니다.

미리 알면 좋아요

1. 등식의 성질

등식의 성질이란, 등식의 양변에 같은 수를 더하거나 등식의 양변에서 같은 수를 빼어도, 등식의 양변에 같은 수를 곱하거나 등식의 양변을 0이 아닌 같은 수로 나누어도 등식은 성립하는 것을 말합니다.

1) 양변에 같은 수를 더하여도 등식은 성립한다. → $a=b$이면 $a+c=b+c$
2) 양변에서 같은 수를 빼어도 등식은 성립한다. → $a=b$이면 $a-c=b-c$
3) 양변에 같은 수를 곱하여도 등식은 성립한다. → $a=b$이면 $ac=bc$
4) 양변을 0이 아닌 같은 수로 나누어도 등식은 성립한다. → $a=b$, $c \neq 0$이면 $\dfrac{a}{c} = \dfrac{b}{c}$

2. 일차방정식과 해

방정식의 우변의 항을 모두 좌변으로 이항하여 정리하였을 때, 좌변이 일차식이 되는 방정식, 즉 (일차식)=0의 꼴로 바꿀 수 있는 방정식을 일차방정식이라고 합니다. 문자 x를 포함한 일차방정식을 x에 대한 일차방정식이라고 합니다. 일차방정식을 푸는 것을 그 방정식의 해를 구한다고 합니다.

3. 다항식

$7bx$, $3x^2$ 등과 같이 수 및 문자를 곱하여 결합한 식을 단항식이라 하고, 이들을 덧셈또는 뺄셈으로 연결한 $7bx + 3x^2$과 같은 식을 다항식이라 합니다. 단항식은 항이 하나인 다항식으로 볼 수 있습니다.

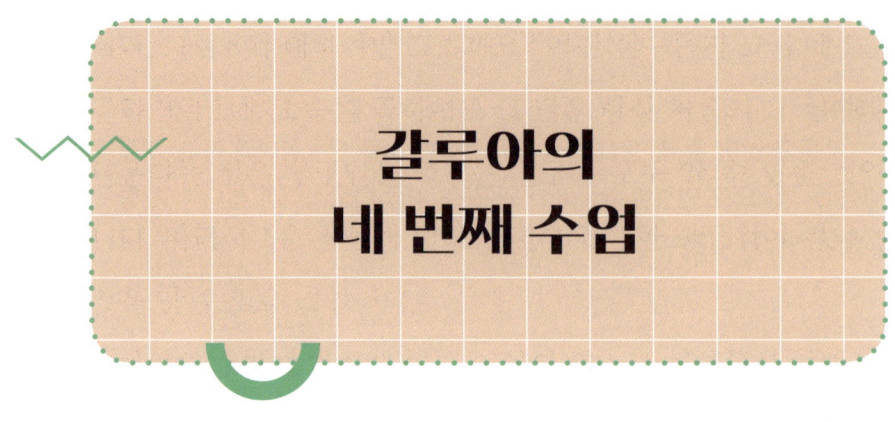

갈루아의
네 번째 수업

 오늘은 이제까지 여러분이 다뤄 보지 않았던 개념에 대하여 이야기해 보고자 합니다. 그것은 군群, group입니다. 군에 대한 다양한 동음이의어가 있죠? 우리 한번 찾아볼까요?

 군郡은 특별시·광역시·도·시보다 작고 읍·면보다 큰 대한민국의 행정 구역의 하나입니다.

 군軍은 군대의 준말로서, 육군, 해군, 공군이 있습니다.

 군軍은 육군의 편성 단위 가운데 규모가 가장 큰 부대입니다.

군君은 조선 때의 서자 출신의 왕자나 공신에게 내려지는 작위입니다.

군群은 수학에서 대수적 구조의 일종을 지칭합니다.

군君은 한국의 성씨입니다.

군群은 '무리'를 뜻하는 한자입니다.

군群은 축구나 야구 등에서 상부를 뜻하는 것입니다. 그리고 김 군, 박 군, 최 군과 같이 상대를 지칭하는 말이 있습니다.

이와 같이 다양한 군 가운데 저와 오늘 학습하게 될 군은 바로 대수적 구조의 하나인 군群, group 입니다.

군은 추상대수학 개념의 하나로 어떤 집합의 임의의 원소 사이에 연산이 행해질 때, 그 결과 역시 그 집합의 원소가 될 때의 집합을 말합니다. 좀 어렵죠? 군은 대수적 구조 가운데 가장 간단한 구조입니다. 그러면 어떤 대상을 군이라고 하는가에 대한 질문의 답을 찾는 것부터 시작하겠습니다. 군의 정의를 간단히 살펴보겠습니다. 예를 들어 덧셈 연산이 주어진 정수 집합을 생각해 보기로 해요. 먼저 정수 집합에서 두 원소를 선택하여 더하여도 그 결과 또한 정수입니다. 이러한 성질을 우리는 지난 시간에 닫혀 있다고 표현했습니다. 두 정수를 더하면 정수가 되니까요. 둘째로는 결합법칙을 만족해야 합니다. 앞에서 설명하였듯이, 결합법칙이라는 것은 세 원소가 있을 때, 어떤 두 원소를 먼저 더해도 나중 남은 원소를 더해도 그 결과는 같다는 것입니다. 따라서 덧셈은 결합법칙이 성립한다는 내용을 이야기했습니다. 기억하죠? 그다음은 항등원이 존재하여야 한다는 내용입니다. 군에는 항등원이 존재해야 합니다. 어떤 원소이든지 항등원과 더하면 그 원소가 그대로 나옵니다.

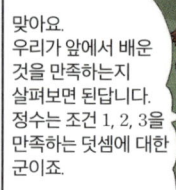

정수나 유리수, 실수 집합에서 덧셈에 대한 항등원은 0이 됩니다. 따라서 정수 집합의 항등원은 0으로 존재합니다. 그리고 마지막으로 모든 원소는 역원을 가지고 있어야 합니다. 어떤 원소와 다른 원소를 더해서 그 결과가 항등원이 될 때, 다른 원소를 어떤 원소의 역원이라고 합니다. 정수 집합은 모두 역원을 가지고 있습니다. 따라서 정수의 집합은 덧셈에 대하여 군을 이루는 것입니다. 다시 정리해 볼까요?

모든 정수_{整數}의 집합을 I라 하고, 집합 I에 속하는 임의의 두 원소_{여기서는 정수}를 정하여 그 두 수를 더하면, 그 합도 역시 정수가 되어 집합 I의 원소가 된다는 것을 알 수 있습니다. 또한 집합 I는 ① 결합법칙 $(a+b)+c=a+(b+c)$가 성립하며, ② 임의의 원소 a에 대하여 $a+0=a$인 항등원 0이 존재하며, ③ 임의의 원소 a는 $a+(-a)=0$이 되는 역원인 $-a$를 가지고 있습니다.

내가 좀 빠르게 이야기했지만, 내 설명을 들으면서 여러분은 상상하고 추측함과 동시에 마음속에 그릴 수 있을 것이라고 생각합니다.

한 가지 더 짚고 넘어가겠습니다. 집합 I의 원소에 어떤 결합법칙이 정의되어 있고, 임의의 두 원소를 결합하면 그 결과 역시 I의 원소이며 이항연산하에서 '닫혀 있다'라고 하는 것입니다. 따라서 ① I의 임의의 원소 a, b, c에 대하여 결합법칙 $a(bc)=(ab)c$가 성립하며, ② I의 모든 원소 a에 대하여 $ae=ea=a$로 되는 단위원 e를 가지며, ③ I의 임의의 원소 a에 대하여 역원 a^{-1}이 존재하여 $aa^{-1}=a^{-1}a=e$로 될 때 집합 I를 군이라고 합니다. 특히, 군이 교환법칙 $ab=ba$를 만족할 때, 이 군을 가환군可換群, commutative group 또는 아벨군abelian group이라고 합니다. 용어는 여러분이 처음 보고 듣는 것이기에 조금은 어렵게 느껴질 수 있지만 그 개념은 지금까지 학습해 온 내용이기에 그렇게 받아들이기 어렵지는 않을 것이라고 생각합니다. 새로운 여행을 떠나는 것이라고 생각하면 됩니다.

예를 들어 볼까요? 정수 전체의 집합 I는 덧셈에 관하여, 양의 실수 전체의 집합은 곱셈에 관하여 가환군을 이룬다고 볼 수 있습니다. 군에 포함되는 원소의 개수를 군의 위수位數라 하고, 위수의 유한·무한에 따라 유한군 또는 무한군이라고 합니다. 위의 세 가지 조건은 결합법칙과 항등원, 역원의 존재를 말하는 것이라는 것을 알 수 있습니다. 그리고 네 번째 조건은 연산에 대한 교환법칙입니다. 결국 교환법칙과 결합법칙 그리고 항등원과 역원이 존재하는 대수적 구조를 아벨군이라고 한다는 것입니다. 네 번째 조건이 만족되지 않는 경우에는 비가환군이나 비아벨군이라고 하는 것이고요.

아벨군이란 이름은 노르웨이의 수학자 아벨의 업적을 기리기 위해 명명되었다고 합니다. 수학자들의 이름으로부터 영어 형용사를 만들 경우에 Newtonian, Lagrangian, Eulerian 등과 같이 머리글자를 대문자로 시작하는 것이 일반적입니다. 그러나 abelian의 경우에는 특이하게도 소문자로 시작하는 것이 관례로 굳어졌는데, 이는 그만큼 이 단어가 많이 쓰이기 때문이다. 또한 이러한 명명은 수학에서 가장 큰 영예로 생각한답니다.

따라서 아벨군 혹은 가환군이란, 연산에 대해 교환법칙이 성립하는 군group, 즉 집합 G와 연산자 $*$에 대한 군 (G, $*$)의 임의의 원소 a, b에 대해 항상 $a*b=b*a$교환법칙가 성립하는 군을 말하는 것입니다. 이와 반대로, 교환법칙이 성립하지 않는 군을 비가환군非可換群, nonabelian group이라고 합니다.

군의 가장 단순한 예는 곱셈으로 결합되는 2개의 수 1과 -1의 집합입니다. B={-1, 1}이라고 할 때, 집합 B는 연산인 곱셈에 대하여 $(-1) \times 1 = 1 \times (-1) = -1 \in B$로 닫혀 있습니다. 그리고 원소 1은 항등원이며, 1과 -1의 역원은 각각 1과 -1입니다. 따라서 집합 B와 연산자 $\times$에 대한 군 $(B, \times)$는 아벨군 또는 가환군을 이루는 것입니다.

방정식의 풀이와 군의 개념에 대하여 알아볼까요?

'방정식 $3x-9=-12$를 풀라.'는 문제에 대한 풀이 방식은 중학교와 고등학교 과정에서 조금 다르게 다뤄지고 있습니다. 중학교에서는 $3x-9=-12$를 해결하기 위하여 양변에 9를 더합니다. 등식의 성질을 이용해서 말입니다. 그래서 $3x=-3$이 되면, 다시 양변을 3으로 나눕니다. 다시 등식의 성질을 이용한 것이죠. 이러한 등식의 성질을 이용하여 $x=-1$을 구하는 것입니다.

고등학교에서는 $3x-9=-12$라는 방정식의 양변에 덧셈에 대한 역원인 -9에 대한 역원 9를 더하고, 결합법칙에 의하여 $3x+(-9+9)=-3$, 즉 $3x+0=-3$을 구하고 다시 덧셈의 항등원에 대한 성질에 의하여 $3x=-3$을 구합니다. 그리고 양변에 곱셈에 대한 3의 역원인 $\frac{1}{3}$을 곱하고 $\frac{1}{3} \times 3x = \frac{1}{3} \times (-3)$, 곱셈에 대한 역원의 성질에 의하여 $1 \times x = -1$이 됩니다. 마지막으로 곱셈에 대한 항등원의 성질에 의하여 $x=-1$이 된다고 학습합니다.

이처럼 중학교에서는 일차방정식의 해를 구하는 과정을 등식의 성질을 이용하여 학습하고, 고등학교에서는 일차방정식의 해를 구하는 과정을 실수에 대한 연산법칙과 항등원, 역원을 이용하여 학습합니다. 정리하면, 중학교에서는 사칙 연산의 개념을 수직선이나 연산의 규칙을 사용하여 배우는 것이고, 고등학교에서는 '군'이라는 직접적인 용어는 사용하지 않지만 항등원과 역원의 개념으로 대수적 구조인 군의 구조를 중요시하고 있다고 볼 수 있는 것입니다.

그러면 연산에 대한 집합의 정의가 어떤 영향을 미치는지를 일차방정식의 풀이를 통하여 한번 생각해 봅시다. 중학교 수학에서 학습하는 일차방정식의 간단한 형태인 $a+x=b$에서 $a>b$일 때는 자연수에서 해를 구할 수 없습니다. 다시 말해서 덧셈이라는 연산이 자연수 전체의 집합에 닫혀 있지 않기 때문이죠. 그러나 정수 범위에서는 어떨까요? 정수 범위에서는 해가 존재합니다. 이와 같이 어떤 방정식의 해가 존재하기 위해서는 주어진 이항연산이 어떤 집합에서 정의되어 있는가가 중요한 것입니다.

연산이라는 용어는 중학교 교과서에서 처음으로 사용되어 고등학교 수학 교과서에서는 집합의 연산, 수의 연산, 다항식의 연산, 행렬의 연산, 함수의 연산 등 많은 수학적 탐구 대상으로 집합의 연산을 사용하게 되니까요. 주어진 집합 위에 정의되는 연산은 다양한 형태로 제시되지만, 이항연산으로 한정됩니다. 이항연산이라는 것은 일반적으로 함수의 한 유형으로 공집합이 아닌 한 집합 S 위에서 $*: S \times S \rightarrow S$로 정의할 수 있으며, 다음과 같은 의미를 가집니다.

첫째 $a*b$는 S의 원소가 되어야 한다는 것과 둘째는 $a*b$는 반드시 일의적이어야 한다는 것입니다. 우리는 고등학교 때까지 연산에 대한 정확한 정의를 배우지 않고, 다만 연산을 사칙연산으로 생각하고 사용합니다. 하지만 일반적인 연산의 의미가 그렇지 않다는 것을 기억해야 하며, 덧셈과 뺄셈, 곱셈, 나눗셈은 많은 연산 중 포함된 하나라는 것을 이해해야 할 것입니다. 이런 관점에서 보자면 여러분은 왜 처음부터 연산에 대한 일반적인 의미를 말해 주지 않았나 하고 생각할 수도 있을 것입니다. 하지만 일반적인 연산의 의미는 주로 수와 문자에 대한 의미를 포함하기에 어렵다고 볼 수 있습니다. 따라서 중요한 것은 이제 여러분이 기본적인 사칙 연산 이외에 다양한 종류의 연산이 있다는 것을 기억하고 그러한 연산에 대한 일반화가 가능하다는 것을 아는 것입니다. 이러한 이해가 대수적 구조를 이해하는 밑거름이 되니까 말입니다.

실수의 연산에서 군의 구조는 어떤 것인가요?

중학교나 고등학교 수학 교과서에서는 군이란 용어가 나타나지 않습니다. 그러나 '실수의 덧셈이나 곱셈에 대한 기본 성질'에서 그 의미를 찾을 수 있는 것이죠.

실수의 덧셈이나 곱셈에 대한 기본 성질

실수 전체의 집합 R의 임의의 원소 a, b, c의 덧셈과 곱셈에 대하여,

첫째, 실수의 덧셈과 곱셈에 대하여 $a+b \in R$, $ab \in R$이므로 '닫혀 있다'고 말합니다.

둘째, $a+b=b+a$, $ab=ba$이므로 교환법칙이 성립하고,

셋째 $(a+b)+c=a+(b+c)$, $(ab)c=a(bc)$이므로 결합법칙이 성립합니다.

넷째, $a+0=0+a=a$, $a \times 1 = 1 \times a = a$이므로 항등원이 존재하며,

다섯째, $a+(-a)=(-a)+a=0$, $a \times \dfrac{1}{a} = \dfrac{1}{a} \times a = 1$이므로 역원이 존재합니다.

따라서 실수의 집합 R은 덧셈에 대하여 군이 되고, 0 이외의 실수인 집합 R−{0}은 곱셈에 대하여 군을 이룹니다. 0에 대한 역원은 존재하지 않기 때문에 실수의 집합에서 0을 제외한다. 특히 교환법칙도 성립하기에 가환군이 됩니다.

여기서 새로운 개념을 한 가지 더 만나 볼까요? 양의 실수를 생각해 보면, 두 수의 곱의 항등원 1은 양수이고, a가 양수일 때 a의 곱셈에 대한 역원인 a^{-1}도 양수라는 것을 알 수 있습니다. 그리고 교환법칙과 결합법칙은 모든 실수에 대하여 성립하므로 양의 실수의 경우에도 당연히 성립합니다. 따라서 양의 실수 집합도 군이 됩니다. 그러나 이와 같이 논리적으로 생각하지 않고 직관적으로 생각을 하여도 양의 실수 집합은 실수라는 군의 한 부분이기에 다시 군이 된다는 것을 추측할 수 있습니다.

그럼 이제 부분군部分群에 대하여 이야기해 볼까요?

부분군이란 무엇인가?

부분군部分群, subgroup은 어떤 군群, group의 부분집합으로서, 그 스스로가 다시 군이 되는 대상을 뜻하는 것입니다. 따라서 곱셈군 R의 공집합이 아닌 부분집합 S가 R 중 정의된 곱에 관하여 군을 이룰 때, 부분집합 S를 부분군이라고 하는 것입니다.

쏙쏙 이해하기

곱셈군 R의 공집합이 아닌 부분집합 S를 R의 부분군이라고 한다. 여기서 S는 양수의 집합

(1) a, b가 집합 S에 속할 때, 곱 ab도 S에 속한다.

(2) a가 S에 속할 때, a^{-1}도 S에 속한다.

정리하면, 교환법칙과 결합법칙은 군 R에서 성립하므로 S의 원소에 대하여 당연히 성립하는 것이죠. 더욱이 S가 공집합이 아니므로 적어도 한 원소인 a가 있어서 앞의 성질 (2)에 의하여 a^{-1}이 집합 S에 속하고, 앞의 성질 (1)에 의하여 $a \cdot a^{-1} = 1$도 S에 속합니다. 그러므로 항등원과 역원이 존재하여 결국 S는 군에 대한 공리를 모두 만족하는 것입니다.

우리가 알고 있는 가환군에는 어떤 집합이 있을까요? 우선 덧셈에 대한 가환군은 다음과 같습니다.

Z = 모든 정수
Q = 모든 유리수
R = 모든 실수

곱셈 가환군에는 어떤 집합이 있을까요? 부분군의 개념을 사용하여 만들 수 있겠죠? 먼저 0 이외의 실수, 0 이외의 유리수 그리고 양의 실수, 양의 유리수가 가능합니다. 그러면 곱셈 가환군에 대한 개념은 0이 아닌 수이어야 하는가 하는 생각도 들 수 있겠죠?

다항식의 연산에서 군의 구조는 어떤 것인가요?

다항식 전체의 집합을 D라고 할 때, 다항식 전체의 집합은 덧셈에 대하여 군이 됩니다. 그 이유를 알아볼까요?

세 다항식 $A=x^2+x+1$, $B=x+7$, $C=x^2+9$에 대하여, A, B, C∈D라고 하면,

(1) 덧셈에 대하여 닫혀 있는가?

$(x^2+x+1)+(x+7)=x^2+2x+8 \in D$

(2) 결합법칙이 성립하는가?

$x^2+x+1+(x+7+x^2+9)=(x^2+x+1+x+7)+x^2+9$

(3) 항등원이 존재하는가?

$(x^2+x+1)+e=e+(x^2+x+1)=x^2+x+1$을 만족하는 항등원 $e=0$이 존재합니다.

(4) 역원이 존재하는가?

$(x^2+x+1)+a=0$을 만족하는 역원 $a=-(x^2+x+1)$이 존재합니다.

따라서 다항식 D는 덧셈에 대하여 군이 됩니다. 하지만 곱셈

에 대하여는 군이 되지 않는다는 것을 상상할 수 있을 것입니다. 곱셈에 대한 항등원은 1이 됩니다. 하지만 역원을 구할 때, $(x^2+x+1) \times a = 1$을 만족하는 $a = \dfrac{1}{x^2+x+1} \notin D$가 되어 군이 되지 않는 것입니다. 이처럼 다항식에 대하여도 군을 생각할 수 있습니다. 단지 수에 한정된 것은 아니라는 것을 알 수 있을 것입니다.

그러면 우리가 새롭게 이항연산을 정의하여 그 연산에 대하여 실수 집합이 군을 이루는가에 대하여 한번 알아봅시다.

> **쏙쏙 문제 풀기**
>
> 임의의 실수 a, b에 대하여, $*$를 $a*b = a+b-ab$로 정의할 때, 실수 전체집합이 연산 $*$에 대하여 군을 이루는가?

우선, 위의 질문에 답을 구하기 위해서 무엇을 생각해야 할까요?

"닫혀 있는가를 먼저 보아야 해요! 연산 $*$에 대하여 실수 집합이 말이에요!"

맞습니다. 그다음에는 항등원, 역원이 존재하는가를 알아봅시다. 출발할까요?

(1) 실수 집합 R은 사칙 연산에 대하여 닫혀 있기 때문에 $a*b=a+b-ab \in R$입니다. 따라서 실수 집합 R은 연산 $*$에 대하여 닫혀 있습니다.

(2) 항등원의 정의에 따라서, $a*e=a+e-ae=a$인 e가 존재하는가를 알아보아야 합니다.

$a+e-ae=a$

$e-ae=0$

$e(1-a)=0$

따라서 a는 임의의 실수이므로 $e=0$입니다.

(3) 역원의 정의에 따라서 $a*x=a+x-ax=0$

$(1-a)x=-a$

$x=\dfrac{-a}{1-a}$가 되어 a의 역원은 $\dfrac{-a}{1-a}$로 존재합니다. 예를 들면, (-2)에 대한 역원은 $\dfrac{2}{1-(-2)}$가 되어 $\dfrac{2}{3}$가 됩니다.

따라서 실수 집합 R은 연산 $*$에 대하여 군을 이루며, $a*b=a+b-ab=b+a-ba=b*a$가 되어 교환법칙이 성립합니다. 그러므로 가환군을 이룹니다.

이제 여러분은 수의 집합에 따라 주어진 연산에 대한 항등원과 역원을 알 수 있고, 나아가 연산에 따른 항등원과 역원이 다를 수 있다는 점을 이해할 수 있을 것입니다.

수업 정리

❶ 이항연산이라는 것은 일반적으로 함수의 한 유형으로 공집합이 아닌 한 집합 S 위에서 $*: S \times S \to S$로 정의할 수 있으며, 다음과 같은 의미를 가집니다.
첫째는 $a*b$는 S의 원소가 되어야 한다는 것과 둘째는 $a*b$는 반드시 일의적이어야 한다는 것입니다. 사칙 연산을 포함한 다양한 종류의 연산이 존재하며 그러한 연산에 대한 일반화가 가능합니다.

❷ 집합 I의 원소에 어떤 결합법칙이 정의되어 있고, 임의의 두 원소를 결합하여 그 결과 역시 I의 원소이면 이항연산하에서 '닫혀 있다'라고 합니다. 따라서 ① I의 임의의 원소 a, b, c에 대하여 결합법칙 $a(bc)=(ab)c$가 성립하며, ② I의 모든 원소 a에 대하여 $ae=ea=a$로 되는 단위원 e를 가지며, ③ I의 임의의 원소 a에 대하여 역원 a^{-1}이 존재하여 $a \cdot a^{-1}=a^{-1} \cdot a=a$로 될 때 집합 I를 군이라고 합니다.

❸ 아벨군abelian group 혹은 가환군可換群, commutative group이란, 연산에 대해 교환법칙이 성립하는 군group, 즉 집합 G와 연산자 ∗에 대한 군 (G, ∗)의 임의의 원소 a, b에 대해 항상 $a*b=b*a$교환법칙가 성립하는 군을 말하는 것이고, 만일 교환법칙이 성립하지 않는 군인 경우에는 비가환군非可換群, non-abelian group이라고 합니다.

❹ 부분군部分群, subgroup은 어떤 군群, group의 부분집합으로서, 그 스스로가 다시 군이 되는 대상을 뜻하는 것입니다. 따라서 군 R의 공집합이 아닌 부분집합 S가 R 중 정의된 연산에 관하여 군을 이룰 때, 부분집합 S를 부분군이라고 하는 것입니다.

5교시

준동형사상과 동형사상

준동형사상과 동형사상의 개념을 이해합니다.

수업 목표

1. 준동형사상과 동형사상의 개념을 이해합니다.
2. 무한군과 순환군의 의미를 이해합니다.

미리 알면 좋아요

1. **대응과 사상** 대응對應, correspondence이란, 2개의 집합 A, B에서 A의 각각의 원소에 대하여 B의 원소가 정해질 때, A의 원소에 B의 원소가 대응한다고 합니다. 함수의 개념을 일반화하여 얻은 사상 $f : A \to B$란 집합 A의 각 원소에 집합 B의 원소를 하나씩 대응시킬 때의 대응입니다. 그리고 대응이라는 개념은 사상보다는 다소 넓은 뜻으로 사용됩니다. 사상寫像, mapping은 두 집합 X, Y가 존재할 때, 집합 X의 각 원소 x를 집합 Y의 하나의 원소 y로 대응시키는 관계를 말합니다. 대응변환 또는 함수라고도 합니다. 다시 말해, A에서 B로의 대응인 경우에는 A의 하나의 원소에 B의 2개 이상인 원소가 대응할 수도 있으며, 또 B의 원소가 하나도 대응하지 않는 A의 원소가 있어도 무방합니다. 즉, 집합 A의 각각의 원소에 집합 B의 원소가 적어도 1개 대응되면 그 대응을 집합 A에서 B로의 대응이라고 합니다.

2. **일대일대응** 두 집합 A, B의 원소를 서로 대응시킬 때, A의 한 원소에 B의 단 하나의 원소가 대응하고, B의 임의의 한 원소에 A의 원소가 단 하나 대응하도록 할 수 있는 대응을 말합니다. 이때 집합 A, B는 대등對等이라고 합니다. 예를 들어, $f : \{1, 2, 3\} \to \{2, 4, 6\}$에서 함수 $f(x) = 2x$라고 할 때, 이 함수는 일대일대응이 되는 것입니다.

3. **역함수** x의 함수 $y=f(x)$가 있을 때, 그 치역値域에 속하는 y의 각 값에 대하여 $y=f(x)$인 관계에 있는 x를 대응시킴으로써, x를 y의 함수로 간주할 수 있습니다.

이 함수를 원래의 함수의 역함수라고 하며, 보통은 $x=g(x)=f^{-1}(y)$로 나타냅니다. 즉, $g:f(x) \to x$인 관계이며, $g(x)$를 $f^{-1}(y)$로 나타냅니다.

갈루아의 다섯 번째 수업

　우리는 지금 대수적 구조에 대하여 이야기하고 있습니다. 정수나 유리수, 실수의 표현 방법은 다르지만 중요한 것은 변하지 않는 구조입니다. 그러한 구조 가운데 우리가 다루고 있는 것은 대수적 구조인 군입니다. 여러분이 어떤 대상을 그리고자 할 때, 도화지에 그려진 대상은 원래의 대상과 일치하지는 않습니다. 하지만 변하지 않고 보존되는 것이 있기에 그 그림이 같다고 볼 수 있는 것입니다. 수학에서는 어떠한 조건일 때, 같은 구조를 갖는다고 할 수 있는 것일까요? 지금부터 시작해 볼까요?

대수적 구조를 보존하는 것은 무엇일까요?

오늘은 대수적 구조를 보존하는 함수에 대하여 이야기하고자 합니다. 추상대수학에서 준동형사상準同型寫像, homomorphism 은 대수적 구조들 사이의 구조를 보존하는 대응을 말합니다. 보존한다는 것은 수들 간의 계산으로 설명을 하자면, 그 계산 결과가 같게 나온다는 것으로 해석할 수 있을 것입니다. 그렇다면 어떠한 조건일 때, 그 계산 결과가 같은 것일까요?

집합 G와 H를 곱셈에 대하여 가환군이라고 하면, 원소 $a \in G$를 원소 $f(a) \in H$로 대응시키는 함수 $f: G \to H$가 $f(ab) = f(a) * f(b)$, $a, b \in G$의 관계를 만족할 때 f를 준동형사상이라고 합니다. 다시 말하면, 준동형사상 f는 G를 H로 사상 하면서 $f(ab) = f(a)f(b)$, $a, b \in G$에서와 같이 G에서의 곱을 H에서의 곱으로 보내야만 하는 것입니다. 결국 그 구조가 보존된다는 개념을 준동형사상이라는 용어로 설명을 하는 것입니다.

준동형사상은 중학교나 고등학교 교육 과정에서 사용되지 않는 용어입니다. 하지만 중학교나 고등학교에서 학습하는 대부분의 함수가 준동형사상입니다. 놀라운 사실 아닌가요? 대수적 구조에 대한 유사성을 초등학교 때부터 우리가 학습해 왔다는 사실 말입니다. 어떤 내용을 다루었는지 한번 살펴볼까요?

배수에 관하여 준동형사상이란?

지금부터 문자를 사용하여 설명할 것입니다. 문자 사용이 얼마나 복잡하고 추상적인 개념을 간단하게 설명할 수 있게 하는지는 여러분도 경험하고 있을 테니 말입니다.

Z를 정수 전체집합이라고 합시다. 그리고 함수를 생각해 봅시다. $f:(Z, +) \rightarrow (nZ, +)$입니다. 이 함수는 정수에 속하는 임의의 원소 x와 자연수에 속하는 임의의 원소 n에 대하여, 자연수와 정수를 곱하는 값으로 대응되는 함수입니다. 예를 들어, $n=3$이고 정수를 5라고 정한다면 그 함숫값은 3×5가 되는 것입니다. $f(5+7)=3 \times 5+3 \times 7=f(5)+f(7)$과 같이 된다는 것입니다. 결국 준동형사상이 된다고 생각할 수 있을 것입니다. 우리가 알고 있는 문자를 사용하여 설명하면 다음과 같습니다. $x \in Z, n \in N$에 대하여, $f(x)=nx$로 정의하는 것입니다.

이때 모든 x, y에 대하여 $f(x+y)=n(x+y)=nx+ny$

$=f(x)+f(y)$가 성립합니다. 여기에 정수 5와 7을 넣어 보면, 5와 7을 더한 12에 대한 함숫값인 3×12와 5에 대한 함숫값 3×5와 7에 대한 함숫값 3×7을 더한 것이 같다는 내용입니다.

따라서 그 자연수가 3이 아닌 다른 어떤 자연수인 n에 대하여도 성립한다는 것을 상상할 수 있습니다. 정리하면, Z와 nZ는 덧셈 연산에 대하여 군을 이루므로 f는 군 준동형사상이라고 합니다.

결국 어떤 수의 배수를 생각할 때, 5의 3배와 5의 7배가 있을 때, 각각을 구해서 더하는 것과 3과 7을 더한 10에 대하여 5의 배수를 생각하는 것이 대수적으로 같다는 의미인 것입니다. 우리는 이러한 어떤 수의 배수에 대한 연산을 대수적으로 접근하지는 않았지만 초등학교 때부터 생각해 왔던 내용입니다.

절댓값에 대한 준동형사상이란?

집합 G는 0 이외의 실수들의 곱셈군이라고 하고, H는 양수인 실수들의 곱셈군이라고 합시다. 이때 f를 절댓값으로 정의되는 함수 $f(x)=|x|$라고 가정하는 것입니다. 함수라는 개념은 관계이며, 원인과 결과에 대한 개념입니다. 항상 두 집합이 필요합니다. 예를 들어 1의 절댓값, -5의 절댓값, -9.7의 절댓값이 있을 때 변하지 않는 관계라는 것이 절댓값이라는 관계이며, 주어지는 조건인 1, -5, -9.7과 같은 정의역이 필요합니다. 물론 함숫값은 정의역에 대응되는 공역에 존재하는 것입니다. 그렇다면 여러분이 알고 있는 연산이나 절댓값, 배수나 약수 등의 개념이 모두 함수로 설명이 될 것이라는 것도 상상할 수 있을 것입니다. 이와 같이 절댓값을 함수적 관계로 가정

할 때, 그 사상이 준동형사상이라는 것은 무슨 의미인가에 대하여 생각해야 합니다. 0을 제외한 실수들의 곱셈군인 G의 원소인 -5와 -7을 곱한 값의 절댓값과 -5의 함숫값인 절댓값과 -7의 함숫값인 절댓값을 구한 뒤 곱한 결과가 같다는 것입니다. 다시 말하면, 곱셈군에 대하여 f는 $|ab|=|a||b|$로, 준동형사상의 정의인 $f(ab)=f(a)f(b)$를 만족하므로 f는 준동형사상이 되는 것입니다.

이와 같이 절댓값의 곱에 대한 성질에서 '어떤 두 수의 절댓값을 각각 구한 뒤 곱하거나 두 수를 곱한 뒤 절댓값을 구하는 것이 모두 같다.'라는 성질을 우리는 경험했을 것입니다. 하지만 이들이 구조가 보존되기에 그러한 결과가 나타난다는 것은 모르고 있었을 것입니다. 자, 이번에는 수의 연산이 아닌 집합의 연산에서 생각해 볼까요?

집합에서 준동형사상이란?

X는 공집합이 아닌 집합이고, P(X)는 X의 부분집합 전체의 집합일 때, 사상 $f:(P(X), \cup) \to (N, +)$를 모든 $A \in P(X)$에 대하여, $f(A)=n(A)$라고 정의합시다. 이때 $n(A)$는 유한집합

A의 원소의 개수라고 합니다. 서로소교집합이 공집합인 경우인 집합 A, B∈P(X)에 대하여, $f(A \cup B) = n(A \cup B) = n(A) + n(B) = f(A) + f(B)$가 성립합니다. 따라서 공집합이 아닌 집합 A에 A의 원소의 개수를 대응하는 함수는 준동형사상이 되는 것입니다.

예를 들어 X={1, 2}라면 P(X)={ϕ, {1}, {2}, {1, 2}}가 됩니다. 따라서 P(X)의 부분집합인 집합 A에 대한 함숫값은 집합 A의 원소의 개수이므로 1이 되고, 집합 B에 대한 함숫값도 원소의 개수이므로 1이 됩니다. 여기서 중요한 조건은 집합 A와 집합 B의 교집합이 공집합인 관계입니다. 이러한 관계를 서로소라고 합니다. 이런 조건을 만족하는 경우에 각 집합의 합집합에 대한 원소의 개수와 각 집합의 원소의 개수를 더한 것이 같다는 것이죠.

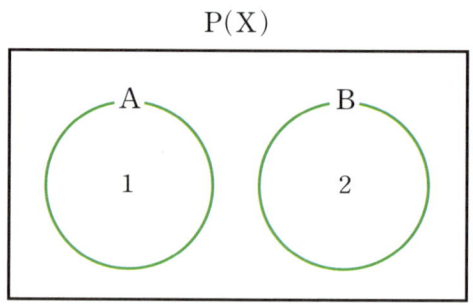

이 경우는 집합의 원소의 개수를 함수로 생각할 때, 그 함수가 준동형사상이 된다는 것을 설명하는 것입니다. 다시 정리하면, 서로소인 두 집합 A, B에 대하여 원소의 개수를 구하는 함수는 합집합에 대하여 그 구조가 보존된다는 것입니다.

다음은 집합의 연산에 대한 함수가 준동형사상이 되는 경우에 대한 내용입니다.

X는 공집합이 아닌 집합이고, P(X)는 X의 모든 부분집합 전체의 집합일 때, 사상 $f:(P(X), \cup) \to (P(X), \cup)$를 모든 C∈P(X)에 대하여, $f(C)=A \cap C$를 A와의 교집합이라 정의하면, 모든 B, C∈P(X)에 대하여, $f(B \cup C)=A \cap (B \cup C)=(A \cap B) \cup (A \cap C)=f(B) \cup f(C)$이므로, 사상 f는 준동형사상이 되는 것입니다.

X는 공집합이 아닌 집합이고, P(X)는 X의 모든 부분집합 전체의 집합일 때, 사상 $f:(P(X), \cap) \to (P(X), \cap)$을 모든 C∈P(X)에 대하여 $f(C)=A \cup C$를 A와의 합집합이라 정의하면, 모든 B, C∈P(X)에 대하여 $f(B \cap C)=A \cup (B \cap C)=(A \cup B) \cap (A \cup C)=f(B) \cap f(C)$이므로, 사상 f는 준동형

사상이 되는 것입니다.

 이와 같이 집합의 연산에서의 분배법칙이 준동형사상이 되는 경우에 대한 내용입니다. 우리가 생각하기에 준동형사상이라고 하면 대학에 가서야 학습이 될 것이라고 생각할 수 있었던 내용이었지만, 사실 중고등학교의 함수에서 적용될 수 있다는 것을 새롭게 알 수 있었을 것입니다. 이외에도 확률의 배반사건의 덧셈정리나 독립사건의 곱셈정리, 기댓값 등을 함수로 생각할 때, 준동형사상이 되는 것을 찾을 수 있습니다.

준동형사상이 되지 않는 경우는 어떤 것인가?

 중학교나 고등학교에서 학습하는 여러 가지 함수는 대부분 준동형사상의 성질을 만족하고 있습니다. 하지만 준동형사상이 아닌 함수도 다루고 있지요. 한번 알아볼까요?

 (1) R^*을 0을 제외한 실수 전체집합이라고 하고, R^+를 양의 실수 전체집합이라고 할 때, 함수 $f:(R^*, +) \to (R^+, +)$를 모든 0이 아닌 실수 $x \in R^*$에 대하여 $f(a)=|a|$를 a의 절댓값이라고 정의하면, $a, b \in R^*$에 대하여 $f(a+b)=|a+b| \neq |a|+|b|=f(a)+f(b)$이므로 f는 준동형사상이 아닙니다.

앞에서 다뤘던 절댓값의 곱의 경우는 준동형사상이었지만 덧셈에 대하여는 아니라는 것으로 정리가 될 것입니다.

(2) R^+를 양의 실수 전체집합이라고 할 때, 함수 $f:(R^+, +) \to (R^+, +)$를 모든 $x \in R^+, n \in N$에 대하여 $f(a) = \sqrt[n]{a}$를 a의 n제곱근이라고 정의하면, 모든 실수 $a, b \in R^*$에 대하여 $f(a+b) = \sqrt[n]{a+b} \neq \sqrt[n]{a} + \sqrt[n]{b} = f(a) + f(b)$이므로 f는 준동형사상이 아닌 것입니다.

(3) R^+를 양의 실수 전체집합이라고 할 때, 함수 $f:(R^+, \cdot) \to (R^+, \cdot)$을 모든 $m \in R^+, a \in N$에 대하여 $f(m)=a^m$을 a의 m제곱이라 정의하면, 모든 실수 $m, n \in R^*$에 대하여 $f(m \cdot n) = a^{m \cdot n} \neq a^m \cdot a^n = f(m) \cdot f(n)$이므로 f는 준동형사상이 아닌 것입니다.

이와 같이 학교에서 우리가 계산하고 구하는 함수에 대한 유형이 모두가 준동형사상인 것은 아니었다는 것을 알 수 있습니다. 그렇다면 대수적 구조의 유사성은 무엇으로 설명할 수 있을까요?

동형사상이란?

함수 $f:G \to H$를 가환군 G와 H의 준동형사상이라고 가정해 보겠습니다. 이때, 서로 다른 G의 원소 a, b를 서로 다른 H의 원소 $f(a), f(b)$로 대응시킬 때, f를 일대일대응이라고 합니다. 이것은 집합 G의 서로 다른 원소에 대하여 대응되는 함숫값인 집합 H의 원소들이 서로 다르게 대응된다는 것입니다. 정리하면 $a, b \in G$에 대하여 $a \neq b$일 때, H에서 $f(a) \neq f(b)$ 또는 H에서 $f(a)=f(b)$이면 G에서 $a=b$라는 의미입니다. 그리고 함수적 관계에서 '……위로의 사상'이라는 용어가 있습니다. 그것은 모든 H의 원소가 적어도 G의 한 원소의 상일 때, f를 H 위로의 사상이라고 하는 것입니다. 이것은 공역과 치역이 같다는 의미입니다. 즉, 임의의 원소 $c \in H$에 대하여 적어도 G의 한 원소 a가 있어서 $f(a)=c$가 됨을 말하는 것입니다. 이때, f가 일대일대응이고 H 위로의 사상이면 임의의 $a \in H$에 대하여 오직 하나의 원소 $c \in G$가 있어 $f(a)=c$가 되는 것입니다. 곧 f는 일대일대응이 되는 것이죠. 일대일대응이라는 것은 정의역에 속하는 모든 원소에 서로 다른 함숫값이 대응되며, 함숫값들의 집합이 공역이 된다는 것입니다. 예를 들어, 어떤 교실에 학생이 30명이 있고, 그 교실에 30대의 컴퓨터가 있을 경우에, 학생의 집합과 컴퓨터 집합 사이에 일대일대응이 이뤄진다는 것은 학생 1명당 컴퓨터가 1대씩 주어진다는 의미입니다. 이러한 생각을 무한집합으로까지 확장하여 집합의 농도濃度 개념이 얻어지는 것입니다.

 이와 같이 일대일대응이 이뤄지는 준동형사상인 $f : G \to H$가 있을 경우에, 이러한 함수를 동형사상同型寫像, isomorphism이라고 약속하는 것입니다. 수학에서는 이런 것을 '정의한다'라고 합니다. 지금까지 준동형사상이나 군에 대한 개념처럼 말입니다. 이러한 동형사상 f가 존재할 때, G와 H를 동형이라고 합니다.

　누군가 지나가는 사람을 보았을 때, 깜짝 놀라는 경우가 있죠? 대부분이 여러분이 알고 있는 누군가와 닮았을 때 이런 일이 생기는 경우가 있습니다. 그 닮음이 신장이나 몸무게, 팔 길이, 몸의 구조 등이겠죠? 하지만 수학적 구조에서의 동형이라는 것은 겉으로 드러나는 외형이나 생김새에 대한 것은 아닙니다. 보다 본질적인 의미라고 볼 수 있을 것입니다. 동형사상이라는 것은 곱을 곱으로 사상시키는 일대일대응이므로 두 군은 매우 유사함을 알 수 있는 것입니다.

　수학에서 일대일대응 f가 동형사상이라는 것은 f와 그 역함수인 f^{-1}가 준동형사상임을 뜻하는 것입니다. 역함수逆函數, inverse function라는 것은 y가 x의 함수일 때, 역으로 x를 y의 함수로 보는 것입니다. 즉, x의 함수 $y=f(x)$가 있을 때, 그 치역値域에 속하는 y의 각 값에 대하여 $y=f(x)$인 관계에 있는 x를 대응시킴으로써 x를 y의 함수로 간주하며, 보통은 $x=g(x)=f^{-1}(y)$로 나타냅니다. 예를 들면, $f(x)=2x-1$일 때 $f^{-1}(x)$인 역함수는 $2x=f(x)+1$이고 $x=\dfrac{f(x)+1}{2}=\dfrac{y+1}{2}$로 정리되면, 역함수인 $x=f^{-1}(y)=\dfrac{y+1}{2}$이 되는 것입니다. 역함수는 모든 함수에 대하여 존재하는 것이 아니라, 일대일대응 함수인 경우에만 존재합니다. 결국 f가 동형사상이라는 것은 일대일대응이 이뤄지는 준동형사상이기 때문에, 함수 f의 역함수인 f^{-1}는 동형사상이 됩니다.

어떤 두 대상 사이에 동형사상이 있을 경우 두 대상의 성질은 구조적으로 동일하며, 이 경우 이 두 대상이 서로 동형isomorphic이라고 하는 것이랍니다. 대수에서 대수 구조 사이의 동형사상과 준동형사상에 대한 연구는 특별한 함수 그 자체에 대한 연구입니다. 동형사상에 대한 구체적인 예를 하나 들어 보겠습니다.

2의 거듭제곱에 대한 함수가 동형사상인가?

G를 정수의 덧셈군, H를 2의 거듭제곱의 곱셈군이라고 합시다. 그러면 H는 2^n(n은 정수)인 수의 집합이 됩니다. 2의 거듭제곱의 곱과 역원은 다시 2의 거듭제곱이므로 H는 군이 됩니다. 실제로 H는 모든 실수 곱셈군의 부분군이 되는 것입니다.

여기서 $f(n)=2^n$으로 정의된 함수를 생각해 봅시다. 이 함수는 $n \in G$를 $2^n \in H$로 사상시키고, $2^{n+m}=2^n \times 2^m$이므로 $f(n+m)=f(n)f(m)$입니다. 따라서 f는 G에서의 합을 H에

서의 곱으로 사상시키는 것입니다. 또 $2^n=2^m$이면 $m=n$이고 f는 H 위로의 함수가 됩니다. 결국 f는 덧셈군 G와 곱셈군 H 사이의 동형사상이 되는 것입니다.

이와 같은 군 G와 H를 무한순환군infinite cyclic group이라고 한다는 것입니다. 무한군이라는 것은 무한의 원소를 가졌다는 의미입니다. 곱셈군 H에 한 원소 h가 있어서 모든 원소가 h의 거듭제곱과 그 역원의 거듭제곱으로 얻어질 때, H를 순환군cyclic이라고 하고, 이때 원소 h를 순환군의 생성자generator라고 부릅니다. 위에서 제시된 군 H는 2로 생성되며, 덧셈군 G는 1로써 생성되는 무한순환군입니다. 그러므로 무한순환군 G와 H는 동형입니다.

동형사상이라는 구조는 대수가 아닌 다른 수학 영역에서도 생각할 수 있습니다. 위상수학位相數學, topology은 20세기에 와서 공간의 위치 관계와 가까움을 다루기 위하여 만들어진 수학 분야입니다. 위상수학은 처음에는 Analysis Situs위치의 해석라는 이름으로 시작되었으며 한국어에서는 초기에 위상기하학位相幾何學이라는 이름도 많이 사용되었습니다. 위상수학은 추상화된 수학이며 현대 수학의 핵심이라고 말할 수 있습니다.

자연 현상이나 우리 일상생활에서는, 조금만 힘을 주면 물체가 움직이거나 전기를 조금 더 흘리면 빛이 더 밝아진다거나 하는 현상을 볼 수 있습니다. 이 현상들은 연속적인 현상이며 누구나 상상할 수 있는 상황입니다. 그런데 바로 이러한 연속성이 깨지는 경우인 불연속은 학자들에게 매우 큰 관심의 대상이 되며 자연 과학 연구의 새로운 대상으로 떠오르고 있습니다. 바로 이러한 것들이 위상수학의 연구 대상인 것입니다.

위상수학에서 **위상동형사상**位相同型寫像, homeomorphism은 위상적 성질topological property을 보존하는 동형사상을 말하는 것입니다. 따라서 두 공간 사이에 위상동형사상이 있을 경우, 이 둘은 서로 위상동형homeomorphic이라고 합니다. 위상수학적 관점에서 이 둘은 같은 공간이라고 말할 수도 있는 것입니다. 예를 들면, 어떤 기하학적 물체를 찢거나 붙이는 것과 같이 분리하거나 다른 물체를 붙이는 것과 같은 행동을 하지 않고, 단지 그 대상을 구부리거나 늘이는 것만으로 형태를 다른 것으로 변형하는 것이 위상적 성질을 보존하는 동형사상이라는 것입니다. 따라서 정삼각형이나 원은 위상동형이 되는 것입니다. 그러나 구와 원환체Torus는 서로 위상동형이 아닌 것이 됩니다.

지금까지 여러분은 군이나 준동형사상 그리고 동형사상과 같은 어려운 대수적 구조에 관련된 개념을 중학교 수학과 관련하여 알아보았습니다. 특히 중학교 수학을 중심으로 대수적 구조를 본 것입니다. 이외에도 다른 로그함수나 미적분 함수와 관련하여 그 구조를 살펴볼 수 있을 것이며, 단지 대수 영역뿐만 아니라 위상공간, 기하 영역과 관련하여 군 개념을 살펴볼 수 있습니다.

수업 정리

❶ 수학의 군 (G, *)에서 군 (H, ·)로 가는 함수 $h:G \to H$가 다음의 성질을 만족시키면 이를 군 준동형사상群準同型寫像, group homomorphism이나 준동형사상이라 합니다.
$f(u \cdot v) = f(u) \cdot f(v)$. 이 성질로부터 함수 h가 G의 단위원을 H의 단위원으로 보냄을 보일 수 있습니다. 또한 함수 h는 G의 역원을 H의 역원으로 보내며기호로 쓰면 $h(u^{-1}) = h(u)^{-1} - 1$, 따라서 함수 h는 '군의 구조를 보존한다.'고 말합니다.

❷ 수학에서 일대일대응 f가 동형사상同型寫像, isomorphism이라는 것은 f와 그 역사상 f^{-1}이 준동형사상임을 뜻합니다. 어떤 두 대상 사이에 동형사상이 있을 경우 두 대상의 성질은 구조적으로 동일하며, 이 경우 이 두 대상이 서로 동형同型, isomorphic이라고 합니다.

NEW 수학자가 들려주는 수학 이야기 52

갈루아가 들려주는 군 이야기

ⓒ 박현정, 2010

2판 1쇄 인쇄일 | 2025년 8월 21일
2판 1쇄 발행일 | 2025년 9월 4일

지은이 | 박현정
펴낸이 | 정은영
펴낸곳 | (주)자음과모음

출판등록 | 2001년 11월 28일 제2001-000259호
주소 | 10881 경기도 파주시 회동길 325-20
전화 | 편집부 (02)324-2347, 경영지원부 (02)325-6047
팩스 | 편집부 (02)324-2348, 경영지원부 (02)2648-1311
e-mail | jamoteen@jamobook.com

ISBN 978-89-544-5297-7 44410
     978-89-544-5196-3 (세트)

• 잘못된 책은 교환해 드립니다.